rise up

Ökumenisches Liederbuch für junge Leute

Lieder und Texte für Gottesdienst, Unterricht und Jugendarbeit

Herausgeber

Verein für die Herausgabe des Katholischen Kirchengesangbuches der Schweiz
Verein zur Herausgabe des Gesangbuchs der Evangelisch-reformierten Kirchen der deutschsprachigen Schweiz

Redaktionskommission

Leitung: Roberto Alfarè, Frauenfeld ┆ Beat Dähler, Au/ZH ┆ Raymund Disler, Uznach
Hans-Jörg Ganz, Winterthur ┆ Heinz Girschweiler, Chur ┆ Walter Wiesli, Immensee ┆ Ruth Wigger, Wauwil

Mitarbeitende Redaktion

Theophil Handschin ┆ Roland Pöschl ┆ Sabine Stückelberger
Marco Palmiro Stoop ┆ Marielle Wulf ┆ Markus Zweifel ┆ Hans-Jürg Stefan

Textkommission

Frieder Furler, Zürich ┆ Fridolin Wechsler, Luzern

3. Auflage 2006

© 2002 by rex verlag luzern, Friedrich Reinhardt Verlag, Basel, Theologischer Verlag Zürich AG

Herausgegeben mit Empfehlung der Deutschschweizer Bischöfe und des Evangelischen Kirchenbundes der Schweiz.

Die Rechtsträger von Text, Melodie und Satz sind jeweils unter den einzelnen Gebeten und Liedern angebracht. Bei einigen Liedern mit dem Vermerk «unbekannt» konnte der Rechtsträger leider nicht eruiert werden. Allfällige Rechtsträger sind gebeten, ihre Ansprüche bei der Verlagsgemeinschaft einzubringen.

Verlagsgemeinschaft	rex verlag luzern, ISBN 3-7252-0715-1
	Friedrich Reinhardt Verlag, Basel, ISBN 3-7245-1193-0
	Theologischer Verlag Zürich AG, ISBN 3-290-17980-X
Projektleitung	Markus Kappeler, rex verlag luzern
Notensatz	Urs Ruprecht, CAMP, Bern
Gestaltung und Layout	Andrea Fassbind, Luzern
Übersetzungen	Annette Leimer, Huttwil
Druck	Kösel GmbH & Co. KG, Altusried-Krugzell

rise up bedeutet aufstehen, hinstehen auch für seinen Glauben, sich aufmachen, wachsen. Der Name ist Programm: *rise up* bringt frischen Wind in das gemeinsame Feiern junger Leute. Der moderne Sound der Lieder soll packen, die Texte der Songs und Gebete Hoffnungen und Nöte heutiger Menschen ausdrücken.

Bunter Mix | Wir haben bewusst eine breite Palette von verschiedenen musikalischen Formen und Stilen gewählt. Sehr einfache Lieder wie «Hände, die schenken» wechseln sich ab mit anspruchsvolleren Songs wie dem Titellied «rise up». Viele Lieder sind einstimmig, andere mehrstimmig gesetzt. Diese können auch einstimmig (Sopran) mit instrumentaler Begleitung gesungen werden. Das berücksichtigt die verschiedenen musikalischen Fähigkeiten und Vorlieben.

Begleitung | Gewisse Lieder können ohne grossen Aufwand mit Klavier, Gitarre oder Orgel begleitet werden. Andere, besonders die Popsongs, sollten mit kompetenten Musikerinnen und Musikern einstudiert werden, damit der richtige Sound entsteht. Als Begleitung empfehlen wir eine Band (Saxofon, E-Gitarre, E-Bass und Klavier oder Keyboard). Ein Schlagzeug – in den Kirchenräumen dezent eingesetzt – bringt zusätzlich Frische und den richtigen Rhythmus in die Formation. Warum nicht auf diesem Weg eine Band gründen?
Bewusst wurden zum Teil kompliziertere Akkorde gesetzt. Weniger geübte Gitarristinnen und Gitarristen spielen in jenen Fällen lediglich den Grundakkord.

Popsongs in der Kirche | Popsongs sind bei Jugendlichen und jungen Erwachsenen sehr beliebt. Sorgfältig haben wir Lieder aus dieser Sparte ausgewählt. Die Texte der Songs zeigen, dass Religion und christliche Lebensthemen mitten im modernen Alltag Platz haben.
Jedes einzelne Lied kann in einem Firm- oder Konfirmationsgottesdienst einen wertvollen Impuls geben. Beim Einstudieren wird das Thema vertieft und im Gottesdienst kann dann der Bezug zwischen Leben und Bibel hergestellt werden.

Vernetzung mit dem reformierten und katholischen Gesangbuch | Im Familiengottesdienst der Gemeinde sollen Jung und Alt gemeinsam aus dem *rise up* Lieder anstimmen können. Um in einem Gottesdienst nicht aus zwei Büchern singen zu müssen, wurden die bereits bekannten jugendgemässen Lieder aus dem RG und KG nochmals aufgenommen. *rise up* überbrückt als ökumenisches Buch bewusst konfessionelle Grenzen.

Ausrichtung, Aufbau und Gliederung | *rise up* ist ein Liederbuch für Feiern mit Jugendlichen und jungen Erwachsenen. Gewisse Lieder können auch mit älteren Kindern gesungen werden. Fremdsprachige Lieder sind meist in der Originalsprache wiedergegeben. Übersetzungen, die nicht singbar sind, wurden in blau gedruckt. Die Lieder sind in acht grosse Bereiche gegliedert, die religiöse und zwischenmenschliche Themen aufgreifen. Im Textteil sind die liturgischen Kerngebete abgedruckt. Zusätzlich geben moderne Texte Anregungen für das gemeinsame Beten im Gottesdienst.

Redaktionskommission *rise up*

Lieder

Texte

Anhang

001 rise up

Ex 12,1f.; Lk 24,13f.; Ex 14,15f.

Kanon für 3 Stimmen
kräftig, rhythmisch

Text, Melodie, Satz und Rechte: Beat Dähler

*Hinweis: «rise up» meint aufstehen, auch für seinen Glauben hinstehen, sich aufmachen.
Zu was stehst du? Wann entsteht Aufbruchstimmung? Wohin machst du dich auf, vielleicht
gemeinsam mit andern? Wie in diesem Lied darf man mit Textelementen spielen, Satzfragmente
aus Wörtern der Umgangssprache zusammensetzen und rhythmisieren. So entsteht vielleicht
ein ganz eigener Rap.
Den Grundrhythmus können Instrumente oder eine Drummaschine geben, oder er entsteht
durch Klatschen, Schnippen, Patschen, Stampfen, Schnalzen … einfach ausprobieren und sich
etwas einfallen lassen.*

002 Da berühren sich Himmel und Erde

Kol 1,20; Eph 2,14

Wo Menschen sich vergessen

1. Wo Men-schen sich ver - ges - sen, die We - ge ver - las - sen
2. Wo Men-schen sich ver - schen-ken, die Lie - be be - den-ken
3. Wo Men-schen sich ver - bün - den, den Hass ü - ber - win-den

und neu be - gin-nen, ganz neu, da be-rüh-ren sich Him-mel und

Er - de, dass Frie-den wer - de un - ter uns da be-rüh-ren sich

Him - mel und Er-de, dass Frie-den wer-de un - ter uns.

Text: Thomas Laubach / Melodie: Christoph Lehmann / Rechte: tvd-Verlag, Düsseldorf

Lk 2,29 – 32; Ps 91; Ps 139

Diesen Tag, Gott 003

1. Kom-men dun-kle Schat-ten
2. Ist mir heut ge-lun-gen, was
3. Wie-viel Wor-te blie-ben

ü-ber die Welt,— wenn die Angst zu le-ben mich
ich mir er-träumt? Und wer kann es zäh-len,
bes-ser un-ge-sagt? Wann hab ich ge-dankt und wie

plötz-lich be-fällt:_ Du machst das Dun-kel__ hell.__ Kv
was ich ver-säumt? Du nimmst die Schuld von_ mir.__ Kv
oft nur ge-klagt? Du weisst ja, wie ich__ bin.__ Kv

Text und Melodie: Martin Gotthard Schneider / Rechte: Gustav Bosse Verlag, Kassel

004 An einem Tag, Jerusalem

Apg 2,1f.; Ex 37,1 – 14

1. An ei - nem Tag,___ Je - ru - sa - lem, Got - tes
2. War Pfings - ten nur___ ein schö - ner Traum, in Ver -
3. Wenn du dich zu___ dem Geist be - kennst, wird noch

Geist kam ü - ber dich. An ei - nem Tag,___ Je - ru - sa -
gan - gen - heit ge - hüllt? Bleibt al - les denn___ aus die - sem
al - les mög - lich sein. Ent - steht ein Land,___ das un - be -

lem, das neu - e Le - ben reg - te sich. Es war der
Traum in un - sern Ta - gen un - er - füllt? Die Flam - me,
grenzt je - des Volk in sich ver - eint. Es spricht ein

Geist___ der Ei - ni - gung, Men - schen konn - ten sich ver -
die___ das Herz ver - zehrt, ver - bin - det uns und treibt uns
Mensch___ in die - sem Reich die Spra - che, die der an - dre

stehn. Es wog - te die___ Be - geis - te - rung, und konn - te
fort. Und hat denn nie - mand uns ge - lehrt, wie man
kennt. In die - sem Land___ sind al - le gleich, weil der

nie - mals mehr ver - gehn. Plötz - lich hat man ihn ver -
hört auf die - ses Wort? Mensch, bist du denn ein - ge -
Geist nur Ein - heit kennt. Man hat wie - der ihn ver -

stan - den,	den	ver - schmäh - ten Got - tes - mann,	des - sen
schla - fen?	Setz	für die - sen Geist dich ein,	der uns
stan - den,	den	ver - schmäh - ten Got - tes - mann,	des - sen

Wort	trotz To - des - ban - den neu - es	Le - ben brin - gen
zeigt	den neu - en Ha - fen, wo der	Mensch wird glück - lich
Wort	trotz To - des - ban - den neu - es	Le - ben brin - gen

kann._____	Die - sen Geist,_____	gibts ihn noch?_____
sein._____	Die - sen Geist,_____	gibts ihn noch?_____
kann._____	Die - sen Geist,_____	gibt es doch!_____

_	Hast du Mut?_____	Hoffst du noch?_____
_	Hast du Mut?_____	Hoffst du noch?_____
_	Auf sein Wort_____	hört man noch!_____

Text: Jugendlicher aus Bergen / Melodie: Adamo / Rechte: Gesto Bergen, Nederland

005 Andere Lieder wollen wir singen

Ex 12; Mk 14,12f.; 1 Kor 5,7f.

Kehrvers

An - de - re Lie - der wol - len wir sin - gen,
fei - ern das Fest der Be - frei - ung. Der Herr führt uns in
neu - es__ Land, die Träu - me__ wer - den wahr.

Strophen

1. Als Is - ra - el aus Ä - gyp - ten zog,__ wur - de das Mahl zum Zei -
chen__ der Frei - heit. Wer__ vom Lam - me ass,
war mit__ im Bund und folg - te dem Ruf zum Auf - bruch. *Kv*

2. Als Je - sus lud zum A - bend - mahl, wur - de das Mahl den Jün -
gern__ zum Zei - chen. Wer__ vom Bro - te ass,
und vom Wei - ne trank, nahm Teil an__ Tod und Le - ben. *Kv*

3. Wenn heu - te Ge-mein-de zu-sam-men kommt, wird das Mahl zum Zei-
chen__ der Hoff - nung. Wer von ihm isst,
und von ihm trinkt, der hat das Le - ben der Zu - kunft. *Kv*

Text: Alois Albrecht / Melodie: Peter Janssens / aus: Wir haben einen Traum, 1972 / Rechte: Peter Janssens Musik Verlag, Telgte-Westfalen

Ps 121; Ps 23; Ps 139,2f.

Ausgang und Eingang 006

Kanon für 4 Stimmen

Aus - gang und Ein - gang, An - fang und En - de
lie - gen bei dir, Herr, füll du uns die Hän - de.

Französisch Que je m'en aille
Ou que j'arrive
Dieu toujours veille
Pour qu'heureux je vive.

Romanisch Fin ed entschatta,
prim pass ed ultim,
stattan en tes mauns.
L'olma ans emplaina!

Text und Melodie: Joachim Schwarz / Rechte: Verlag Mechthild Schwarz, Fassberg / Text französisch: Roger Trunk; Text romanisch: Gion Gaudenz, Gisula Tscharner / Rechte Text französisch und romanisch: Verein zur Herausgabe des Gesangbuchs der Ev.-ref. Kirchen der deutschsprachigen Schweiz.

007 We give You thanks

Ps 67,4.5; 1 Thess 1,3f.

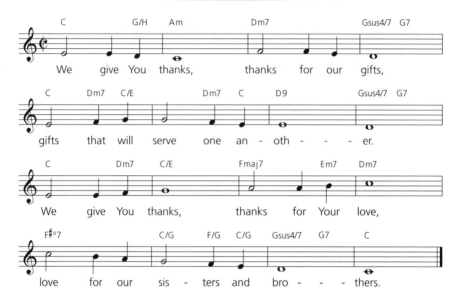

We give You thanks, thanks for our gifts,
gifts that will serve one an - oth - - - er.
We give You thanks, thanks for Your love,
love for our sis - ters and bro - - - thers.

Text und Melodie: Mark Hayes / Rechte: Universal Songs by CopyCare Deutschland

Übersetzung

Wir danken dir für unsere Gaben, Gaben, die wir füreinander einsetzen können.
Wir danken dir für deine Liebe, die Liebe, die wir unseren Brüdern und Schwestern schenken.

008 Heilig – Herr aller Mächte

Jes 6,1f.; Lk 1,52; Offb 4,8

(Vorspiel und Schluss instrumental)

E Hei - lig, hei - lig!__
A Hei - lig, hei - lig!__ E Herr al - ler Mäch - te!__ A Herr al - ler Mäch - te!__
E Hei - lig, hei - lig!__ A Hei - lig, hei - lig!__ E Heil der Welt!__

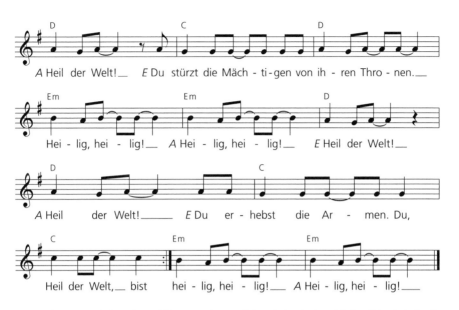

A Heil der Welt!__ E Du stürzt die Mäch-ti-gen von ih-ren Thro-nen.__

Hei-lig, hei-lig!__ A Hei-lig, hei-lig!__ E Heil der Welt!__

A Heil der Welt!____ E Du er-hebst die Ar-men. Du,

Heil der Welt,__ bist hei-lig, hei-lig!__ A Hei-lig, hei-lig!____

Text: Josef Reding / Melodie: Ludger Edelkötter / Rechte Text: beim Urheber; Rechte Melodie: KiMu Kinder Musik Verlag GmbH, Velbert

Ps 127; Gal 6,2; Phil 2,4

Hilf, Herr meines Lebens 009

1. Hilf, Herr mei-nes Le-bens, dass ich nicht ver-ge-bens,
2. Hilf, Herr mei-ner Ta-ge, dass ich nicht zur Pla-ge,
3. Hilf, Herr mei-ner Stun-den, dass ich nicht ge-bun-den,
4. Hilf, Herr mei-ner See-le, dass ich dort nicht feh-le,
5. Hilf, Herr mei-nes Le-bens, dass ich nicht ver-ge-bens,

dass ich nicht ver-ge-bens hier auf Er-den bin.
dass ich nicht zur Pla-ge mei-nem Nächs-ten bin.
dass ich nicht ge-bun-den an mich sel-ber bin.
dass ich dort nicht feh-le, wo ich nö-tig bin.
dass ich nicht ver-ge-bens hier auf Er-den bin.

Text: Gustav Lohmann, Markus Jenny / Melodie: Hans Puls / Rechte: Gustav Bosse Verlag, Kassel

Hinweis: Die Lieder «Hilf Herr meines Lebens» und «Schalom chaverim» (Nummer 186) können als Quodlibet gleichzeitig gesungen werden. Tonart anpassen.

010 Ob ich sitze oder stehe

Ps 23,4; 118,6; 139,5

1. Ob ich sit - ze o - der ste - he, ob ich lie - ge o - der
2. Dass ich wach - se, blü - he, rei - fe, dass ich ler - ne und be -
3. Wo ich sit - ze o - der ste - he, wo ich lie - ge o - der

ge - he, bist du, Gott, bist du, Gott, bei mir.
grei - fe, bist du, Gott, bist du, Gott, bei mir.
ge - he, bist du, Gott, bist du, Gott, bei mir.

Ob ich schla - fe o - der wa - che, ob ich wei - ne o - der
Dass ich fin - de, wenn ich su - che, dass ich seg - ne, nicht ver -
Dass ich dein bin, nicht ver - der - be, ob ich le - be o - der

la - che, bleibst du, Gott, bleibst du, Gott, bei mir.
flu - che, bleibst du, Gott, bleibst du, Gott, bei mir. Von
ster - be, bleibst du, Gott, bleibst du, Gott, bei mir.

al - len Sei - ten um - gibst du mich und hältst dei - ne Hand ü - ber

mir, und hältst dei - ne Hand ü - ber mir.

Text: Eugen Eckert / Melodie und Satz: Torsten Hampel / Rechte: Gruppe Habakuk, c/o Eugen Eckert, Frankfurt a. Main

011 Denn wo zwei oder drei

Mt 18,20; Kol 1,27; Gal 6,2

Kehrvers

Denn wo zwei o-der drei in dei-nem Na-men ver-sam-melt, da bist
du, Herr, mit-ten un-ter uns.   un-ter uns.
1. Du hast
2. Herr, in

al - le ge-meint, gleich, ob Freund o - der Feind, al - le
un - se - rer Zeit sind sehr vie - le so weit von dir

Gren - zen hast du ja ge - sprengt, denn ob arm o - der reich, vor dir
weg, und der Glau - be fällt schwer. Du al - lein bist das Licht, das die

sind al - le gleich, dei - ne Lie - be uns al - le um - fängt. Kv
Dun - kel-heit bricht, so er - bar - me dich un - ser, o Herr! Kv

3. Heut kann niemand allein, ohne Mitmensch mehr sein,
der im Glauben ihn trägt und erhält.
Darum schenk uns die Kraft, die die Einheit erst schafft,
Zeugnis ist dann für uns und die Welt. *Kv*

4. Weil du unter uns bist, unser Herr Jesus Christ,
singt nun deine Gemeinde ihr Lied.
Unser Lied von der Nacht, die zum Tag du gemacht,
Brüder, Schwestern, singt freudig es mit! *Kv*

Text: nach Matthäus 18,20 / Melodie: unbekannt / Rechte Text: frei

Jes 55,8f.; Hos 11,9; Lk 15,1f.

Gott ist anders 012

1. Gott ist an - ders, als wir den - ken. Er ist für
2. Gott passt nicht in uns - re For - men. Er____ ist
3. Gott ist täg - lich ge - gen - wär - tig, er____ ist
4. Gott ist an - ders, als wir den - ken. Wir____ ver -

uns kein from-mer Traum.____ Nur Gott kann un - ser Le-ben
an - ders, er ist Gott.____ Er____ hat sei - ne eig-nen
im - mer für uns da____ und____ auch dann nicht mit uns
dam-men, er ver-gibt;____ wo____ wir for - dern, will er

len - ken, denn er schwebt nicht im Wel - ten-raum.____
Nor - men, die nicht be - grenzt sind durch den Tod.____
fer - tig, wenn er viel Un - recht bei uns sah.____
schen - ken. Gott____ ist an - ders, weil er liebt.____

Text und Melodie: Kurt Rommel / Rechte: Strube Verlag GmbH, München-Berlin

Ps 24,6; 27,8; 40,17; Lk 17,20f.

Halt an! Wo läufst du hin? 013

Kanon für 4 Stimmen
Akkorde für Kanon:

Halt an! Wo läufst du hin? Der Him-mel ist in dir, suchst

du Gott an - ders - wo, du fehlst ihn für und für.

Text: Angelus Silesius / Melodie: Susanne Kramer / Rechte Text: frei; Rechte Melodie: beim Urheber

014 Einer hat uns angesteckt

Mk 8,35; Lk 12,40

Kehrvers

Ei-ner hat uns an-ge-steckt mit der Flam-me der Lie - be.

Ei-ner hat uns auf-ge-weckt, und das Feu-er brennt hell.

Strophen

1. Wer sich selbst ver - liert, wird das Le - ben fin-den.
2. Wer die Ar - mut kennt, wird im Reich-tum le-ben.
3. Wer be - trof - fen ist, wird das Wort neu sa-gen.

Wer die Frei-heit spürt, kann sich sel - ber fin - den. *Kv*
Wer von Her - zen brennt, kann sich an-dern ge - ben. *Kv*
Wer sich selbst ver-gisst, kann auch Las - ten tra-gen. *Kv*

Text: Eckart Bücken / Melodie: Oskar Gottlieb Blarr / Rechte: tvd-Verlag, Düsseldorf

015 Eines Tages kam einer

Mt 11,28; Mk 3,7f.

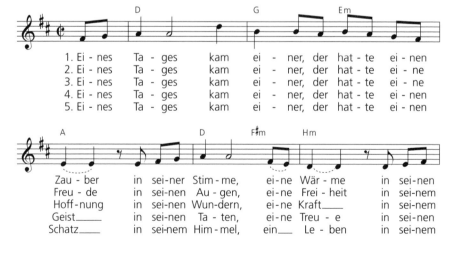

1. Ei - nes Ta - ges kam ei - ner, der hat - te ei - nen
2. Ei - nes Ta - ges kam ei - ner, der hat - te ei - ne
3. Ei - nes Ta - ges kam ei - ner, der hat - te ei - ne
4. Ei - nes Ta - ges kam ei - ner, der hat - te ei - nen
5. Ei - nes Ta - ges kam ei - ner, der hat - te ei - nen

Zau - ber in sei-ner Stim - me, ei-ne Wär - me in sei-nen
Freu - de in sei-nen Au - gen, ei-ne Frei - heit in sei-nem
Hoff-nung in sei-nen Wun-dern, ei-ne Kraft in sei-nem
Geist in sei-nem Ta - ten, ei-ne Treu - e in sei-nem
Schatz in sei-nem Him - mel, ein Le - ben in sei-nem

Wor - ten, ei - nen Charme __ in sei - ner Bot-schaft.
Han - deln, ei - ne Zu - kunft in sei - nem Zei - chen.
We - sen, ei - ne Offen - heit in sei - nem Her - zen.
Lei - den, ei - nen Sinn __ in sei - nem Ster - ben.
To - de, ei - ne Aufer-stehung in sei - nem Glau-ben.

Text: Alois Albrecht / Melodie: Peter Janssens / aus: Auf Messers Schneide, 1992 / Rechte: Peter Janssens Musik Verlag, Telgte-Westfalen

Ps 8

Herr, ich seh die Himmel 016

Kehrvers

Herr, ich seh die Him - mel, dei - ner Hän - de
und ich muss dir dan - ken, denn __ du __ bist

Werk, den Mond und die Ster - ne,
gross und hast doch an mich __ in

1.E7 A
die du ge - macht;

2.E7 A D
Lie - be ge-dacht.

Strophen

1. Was sind die Men - schen, __ was sind __ die Men - schen, __
2. Herr, un - ser Herr - scher, wie herr - lich ist dein Na - me, wie

dass du an sie denkst __ und Sor - ge für sie trägst? Kv
herr - lich ist dein Na - me in al - len Lan - den! Kv

Text: Manfred Siebald / Melodie: Ove Gansmoe / Rechte: Hänssler-Verlag, Holzgerlingen

017 Herr, wir bitten

Mt 5,14; Röm 12,12f.

Kehrvers

Herr, wir bit - ten: Komm und seg - ne uns;
le - ge auf uns dei-nen Frie - den. Seg - nend hal - te Hän-de
ü - ber uns. Rühr uns an mit dei - ner Kraft.

Strophen

1. In die Nacht der Welt___ hast du uns ge-stellt,___
2. In den Streit der Welt___ hast du uns ge-stellt,___

dei - ne Freu-de aus-zu-brei - ten. In der Trau-rig-keit,___
dei - nen Frie-den zu ver-kün - den, der nur dort be-ginnt,___

mit - ten in dem Leid,___ lass uns dei-ne Bo-ten sein. *Kv*
wo man wie ein Kind,___ dei - nem Wort Ver-trau-en schenkt. *Kv*

3. In das Leid der Welt hast du uns gestellt,
   deine Liebe zu bezeugen.
   Lass uns Gutes tun und nicht eher ruhn,
   bis wir dich im Lichte sehn. *Kv*

Text und Melodie: Peter Strauch / Rechte: Hänssler Verlag, Holzgerlingen

Röm 16,27; 1 Tim 1,17

Wir sind hier zusammen 018

Kanon für 3 Stimmen

Wir sind hier zu-sam-men_ in Je-su Na-men,_ um dich zu lo-ben, o

Gott! Gott! Eh-re dem Va-ter,_ Eh-re dem Sohn,_____ Eh-re dem

Heil'-gen Geist,_ der in uns wohnt._____ Eh-re dem wohnt._____

Hal-le-lu-ja, hal-le-lu-ja!_ lu-ja!

Text: Jugend mit einer Mission / Melodie: unbekannt / Rechte Text: Hänssler-Verlag, Holzgerlingen

Ps 89,25; 121,7f.; Eph 1,18

Manchmal kennen wir 019

1. Manch-mal ken-nen wir Got-tes Wil-len, manch-mal ken-nen wir
2. Manch-mal se-hen wir Got-tes Zu-kunft, manch-mal se-hen wir
3. Manch-mal spü-ren wir Got-tes Lie-be, manch-mal spü-ren wir
4. Manch-mal wir-ken wir Got-tes Frie-den, manch-mal wir-ken wir

nichts. Er-leuch-te uns, Herr, wenn die Fra-gen kom-men.
nichts. Be-wah-re uns, Herr, wenn die Zwei-fel kom-men.
nichts. Be-glei-te uns, Herr, wenn die Ängs-te kom-men.
nichts. Er-we-cke uns, Herr, dass dein Frie-de kommt._

Text: Kurt Marti, Arnim Juhre / Melodie: Felicitas Kukuck / Rechte Text: beim Urheber / Rechte Melodie: Gustav Bosse Verlag, Kassel

020 Tu sei la mia vita

Joh 14,6; Eph 3,16f.

1. Tu sei la mia vi - ta, al - tro io non ho.
2. Cre - do in te, Si - gno - re na - to da Ma - ria:
3. Tu sei la mia for - za: al - tro io non ho.
4. Pa - dre del - la vi - ta, noi cre - dia - mo in te.

Tu sei la mia stra - da, la mia ve - ri - tà.
Fi - glio e - ter - no e san - to uo - mo co - me noi.
Tu sei la mia pa - ce, la mia li - ber - tà.
Fi - glio sal - va - to - re, noi spe - ria - mo in te.

Nel - la tua pa - ro - la io cam - mi - ne - rò
Mor - to per a - mo - re, vi - vo in mez - zo a noi:
Nien - te ne - la vi - ta ci se - pa - re - rà:
Spi - ri - to d'a - mo - re, vie - ni in mez - zo a noi.

fin - ché av - rò re - spi - ro, fi - no a quan - do tu vor - rai.
U - na co - sa so - la con il Pa - dre e con i tuoi,
So che la tua ma - no for - te non mi las - ce - rà.
Tu da mil - le stra - de ci ra - du - ni in u - ni - tà

Non a - vrò pa - u - ra, sai, se tu sei con me:
Fi - no a quan - do io lo so tu ri - tor - ne - rai
So che d'o - gni ma - le tu mi li - bere - rai
e per mil - le stra - de, poi, do - ve tu vor - rai,

io ti pre - go, res - ta con me.
per a - pri - re il re - gno di Dio.
e nel tuo per - do - no viv - rò.
noi sa - re - mo il se - me di Di - o.

Text und Melodie: Pier Angelo Sequeri (Originaltitel: Symbolum '77) / Rechte: Rugginenti Editore, Milano

Übersetzung

1 Gott, du bist mein Leben, ich habe sonst kein anderes. Du bist mein Weg und meine Wahrheit. Bis zu meinem letzten Atemzug, so lange wie du möchtest, werde ich deinem Wort folgen. Ich habe keine Angst, wenn du bei mir bist. Ich bitte dich, bleibe bei mir.

2 Ich glaube an dich, Gott, der du von Maria geboren wurdest, ewiger und heiliger Sohn, ein Mensch wie wir alle. Du bist für die Liebe gestorben und lebst mitten unter uns. Du bist eins mit dem Vater und den deinen, und du wirst wiederkommen, um das Reich Gottes zu öffnen.

3 Du bist meine Stärke, ich habe keine andere. Du bist mein Frieden, meine Freiheit. Nichts im Leben wird uns trennen, deine starke Hand wird mich nicht fallen lassen. Du wirst mich von allem Schlechten befreien und in deiner Vergebung werde ich leben.

4 Vater des Lebens, wir glauben an dich. Erlöser Sohn, wir hoffen auf dich. Geist der Liebe, komm in unsere Mitte. Bei dir vereinigen sich tausend Strassen und Wege, und wenn du willst, werden wir über tausend Strassen und Wege das Wort Gottes in die Welt hinaustragen und Same Gottes sein.

1 Kön 3,7f.; Ps 25,17; Mk 4,40

Meine engen Grenzen 021

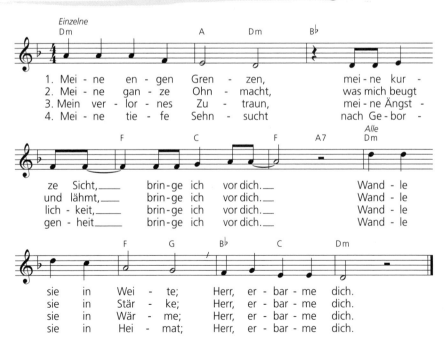

Text: Eugen Eckert / Melodie: Winfried Heurich / Rechte: Studio Union im Lahn Verlag, Kevelaer

022 Hoffen wider alle Hoffnung

Jes 49,4f.; Röm 4,17

1. Hof - fen   wi - der al - le Hoff - nung,
2. Füh - len,   wo Ge - füh - le ster - ben,
3. Wach sein,   Zei - chen klar er - ken - nen,
4. Trau - en   dem, der uns ge - sagt hat:

glau - ben,   dass es den - noch wei - ter - geht.
Licht sehn,   da wo al - les dun - kel scheint.
hel - fen   trotz der eig - nen gros - sen Not.
«Seht doch,   ich bin bei euch al - le Zeit.»

Lie - ben,   wo es bei - nah nicht mehr mög - lich,
Han - deln,   an - statt ta - ten - los zu trau - ern,
Auf - stehn   ge - gen Un - recht, Mord und Lü - ge,
Mit uns   ist er auch in un - serm Su - chen,

da - mit die Welt auch mor - gen noch be - steht.
trös - ten auch den, der oh - ne Trä - nen weint.
nicht ein - fach schwei - gen, wo die Welt be - droht.
bis wir ihn schaun im Licht der E - wig - keit.

Text und Melodie: Heinz Martin Lonquich / Rechte: beim Urheber

023 Meine Hoffnung und meine Freude

Ps 27,1f.; 75,5; 130,5

Mei - ne Hoff - nung und mei - ne Freu - de, mei - ne

Stär - ke, mein Licht, Chris-tus, mei - ne Zu - ver -
sicht, auf dich ver - trau ich und fürcht mich
nicht, auf dich ver - trau ich und fürcht mich nicht.

Französisch
O ma joie et mon espérance,
Le Seigneur est mon chant.
C'est de lui que vient le pardon.
En lui j'espère, je ne crains rien.
En lui j'espère, je ne crains rien.

Italienisch
Il Signor è la mia forza
ed io spero in lui.
Il Signor è il Salvator.
In lui confido, non ho timor,
in lui confido, non ho timor.

Musik: Jacques Berthier / Rechte Text und Musik: Ateliers et Presses Taizé, F-71250 Taizé-Communauté

024 Seht, neuer Morgen

Ex 14,24; Jes 40,3 – 5; 52,7 – 12

1. Seht, neu - er Mor - gen in uns - rer Nacht:
2. Hört, gu - te Nach - richt, Freu - den - ge - sang:
3. Seht, neu - es Le - ben, seht neu - e Welt:

Gott be - freit sein Volk, schon kommt er her - bei.
Gott be - freit sein Volk, schon kommt er her - bei.
Gott be - freit sein Volk, schon kommt er her - bei.

Glück für die Men - schen, Fest oh - ne End.
Ruf in der Wüs - te trifft un - ser Ohr: Be -
Er schenkt den Frie - den, er ist bei uns.

rei - tet den Weg, den Weg für den Herrn. Be -

rei - tet den Weg, den Weg für den Herrn.

Text: Winfried Offele / Melodie: Jo Akepsimas / Rechte Text: beim Urheber / Rechte Melodie: Editions Musicales, Paris

025 Singt dem Herrn ein neues Lied

Ps 33,3; 96; 98; 149,1

Kanon für 3 Stimmen

Singt dem Herrn,⸺ singt ihm ein neu - es Lied!

C E7 A7 Dm G7 C
2.
Singt dem Herrn, _____ singt ihm ein neu - es Lied! _____ Ihm, der uns

C E7 A7 Dm G7 C
3.
so viel Wun-der be-schied,_ singt ihm ein neu-es Lied!

Ostinato

Lo-bet und prei-set den Herrn, dan-ket und die-net ihm gern!

Klavierpattern

Text und Melodie: Thord Gummesson; Text deutsch: Beat Schäfer / Klavierpattern: Michael Gohl / Rechte
Melodie und Text: Neue Welt Musikverlag GmbH & Co.; Rechte Klavierpattern: beim Urheber

Ps 22,4; 99,9;
Jes 6,3; Offb 4,8; 15,4

Heilig – jubeln Himmel und Erde 026

C Em F Em G C Dm C Dm7 G
Hei - lig, hei-lig, hei-lig, ju - beln Him - mel_ und Er-de dir zu.____

C Em F Em G C Dm
Hei - lig, hei - lig, hei - lig, gross und hei - lig____ bist

C *Fine* Am Em
du! Der du schu - fest das Him - mels-zelt,____ der du

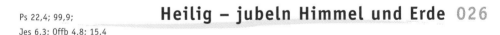

leb - test in uns - rer Welt,___ der du kommst am End' der Zeit,

___ der du bleibst in E - wig-keit.___

D.C. al Fine

Text: Pia Murer-Zuber / Melodie: Marcel Blanchard / Rechte Text und Melodie: bei den Urhebern

027 Ich lobe meinen Gott

Ps 30,2.12; Ps 138

1. Ich lo - be mei-nen Gott, der aus der Tie - fe mich holt, da - mit ich
2. Ich lo - be mei-nen Gott, der mir den neu-en Weg weist, da - mit ich
3. Ich lo - be mei-nen Gott, der mei-ne Trä - nen trock-net, dass ich

le - be. Ich lo - be mei-nen Gott, der mir die
hand - le. Ich lo - be mei-nen Gott, der mir mein
la - che. Ich lo - be mei-nen Gott, der mei - ne

Fes - seln löst, da - mit ich frei bin.
Schwei - gen bricht, da - mit ich re - de.
Angst ver - treibt, da - mit ich at - me.

Refrain

Eh-re sei Gott auf der Er-de, in al-len Stras-sen und Häu-sern, die

Men-schen wer-den sin-gen, bis das Lied zum Him-mel steigt.____

(3 x) Eh - re sei Gott und den Men - schen Frie - den,

Frie - den auf Er - - - - - den.

Text: Hans-Jürgen Netz / Melodie: Christoph Lehmann / Rechte: tvd-Verlag, Düsseldorf

Ps 17,5; 37,31; 86,11; Lk 1,79

Ich bitte dich, Herr 028

Ich bit - te dich, Herr, um die gros - se Kraft, die-sen

klei - nen Tag zu be - ste - hen, ich ste - hen, um auf dem

gros - sen We - ge zu dir ei - nen klei-nen Schritt, ei-nen klei-nen

Schritt wei - ter zu ge-hen, um auf dem ge-hen.

Text: Ernst Ginsberg / Melodie: Heiny Schuhmacher / Rechte Text und Melodie: beim Urheber

029 Ins Wasser fällt ein Stein

Mt 13,31–32

1. Ins Was - ser fällt ein Stein, ganz
   und ist er noch so klein, er
2. Ein Fun - ke, kaum zu sehn, ent -
   und die im Dun - keln stehn, die
3. Nimm Got - tes Lie - be an. Du
   denn sei - ne Lie - be kann in

heim - lich, still und lei - se;
zieht doch wei - te Krei - se.
facht doch hel - le Flam - men,
ruft der Schein zu - sam - men.
brauchst dich nicht al - lein zu mühn,
dei - nem Le - ben Krei - se ziehn.

Wo Got - tes gros - se Lie - be in ei - nen
Wo Got - tes gros - se Lie - be in ei - nem
Und füllt sie erst dein Le - ben und setzt sie

Men - schen fällt, da wirkt sie fort in
Men - schen brennt, da wird die Welt vom
dich in Brand, gehst du hi - naus, teilst

Tat und Wort hi - naus in uns - re Welt.
Licht er - hellt; da bleibt nichts, was uns trennt.
Lie - be aus, denn Gott füllt dir die Hand.

Text und Melodie: Kurt Kaiser / Rechte: Universal Songs by CopyCare Deutschland, Holzgerlingen

1 Kor 16,22

Kumbaya 030

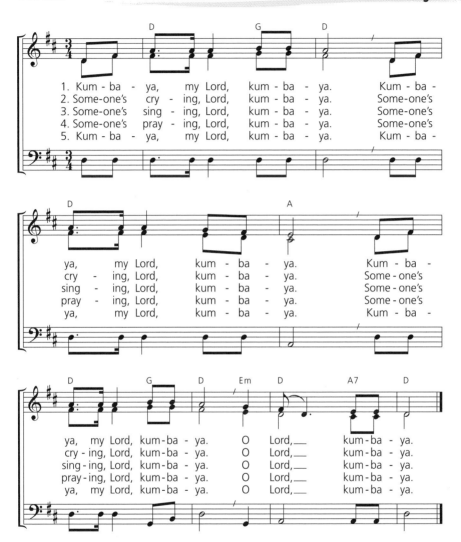

1. Kum - ba - ya, my Lord, kum - ba - ya. Kum - ba -
2. Some-one's cry - ing, Lord, kum - ba - ya. Some-one's
3. Some-one's sing - ing, Lord, kum - ba - ya. Some-one's
4. Some-one's pray - ing, Lord, kum - ba - ya. Some-one's
5. Kum - ba - ya, my Lord, kum - ba - ya. Kum - ba -

ya, my Lord, kum - ba - ya. Kum - ba -
cry - ing, Lord, kum - ba - ya. Some - one's
sing - ing, Lord, kum - ba - ya. Some - one's
pray - ing, Lord, kum - ba - ya. Some - one's
ya, my Lord, kum - ba - ya. Kum - ba -

ya, my Lord, kum - ba - ya. O Lord,__ kum - ba - ya.
cry - ing, Lord, kum - ba - ya. O Lord,__ kum - ba - ya.
sing - ing, Lord, kum - ba - ya. O Lord,__ kum - ba - ya.
pray - ing, Lord, kum - ba - ya. O Lord,__ kum - ba - ya.
ya, my Lord, kum - ba - ya. O Lord,__ kum - ba - ya.

Text und Melodie: Marvin Virgil Frey / Satz: traditionell / Rechte: Helen M. Frey

Übersetzung

1 Komm zu uns, Herr, komm zu uns; o Herr, komm zu uns.
2 Jemand weint, Herr, komm zu uns; o Herr, komm zu uns.
3 Jemand singt, Herr, komm zu uns; o Herr, komm zu uns.
4 Jemand betet, Herr, komm zu uns; o Herr, komm zu uns.
5 Komm zu uns, Herr, komm zu uns; o Herr, komm zu uns.

031 Masithi Amen

Ps 71,22; 75,2; 145,2; Offb 7,9f.

1. Ma - si - thi A-men, si - ya - ku - du - mi - sa, Ma - si - thi
2. Singt A - men! A-men, wir prei - sen Gott, den Herrn. Singt A-men!
3. Sing A - men! A-men, we praise your name, o Lord. Sing A-men!
4. Ma - si - thi A-mén, can - ta - mos al Señ - or. Ma - si - thi
5. Nyan - yi - lah A-min, pu - ji - lah Tu - han - mu. Nyan - yi - lah

A-men, si - ya - ku - du - mi - sa, Ma - si - thi A-men, Ba - wo,
A-men, wir prei - sen Gott, den Herrn. Singt A-men! A-men, A - men,
A-men, we praise your name, o Lord. Sing A-men! A-men, A - men,
A-mén, can - ta - mos al Señ - or. Ma - si - thi A-mén, glo - ria,
A-min, pu - ji - lah Tu - han - mu. Nyan - yi - lah Nyan-yi A - min,

A-men, Ba - wo, A-men, si - ya - ku - du - mi - sa.
A-men, A - men, A-men, wir prei - sen Gott, den Herrn.
A-men, A - men, A-men, we praise your name, o Lord.
A-mén, glo - ria, A-mén, can - ta - mos al Señ - or.
A-min, A - min, A-min, pu - ji - lah Tu - han - mu.

Text: Dieter Trautwein / Melodie und Satz: Molefe, Xhosa von Stephan Cuthbert / Rechte Text: Strube Verlag GmbH, München-Berlin; Rechte Melodie und Satz: beim Urheber

1 Xhosa
2 Deutsch
3 Englisch
4 Spanisch
5 Indonesisch

Mt 25,1f.; 1 Kor 16,22; Offb 22,20

Maranatha 032

Kehrvers

Ma - ra - na - tha!___ Du, Herr, wirst kom-men,

Ma - ra - na - tha!___ und du klopfst an uns - re Tür.___

Ma - ra - na - tha!___ Wir öff - nen freu - dig,

Ma - ra - na - tha!___ und du lädst zum Fest-mahl ein.___

Strophen

1. Ist noch Öl in eu - ren Krü - gen?___
2. Ist noch Feu - er in den Her - den?___
3. Sind die Tü - ren weit ge - öff - net?___

Reicht es für die gan - ze Nacht?___
Ist die Glut ge - nü-gend stark?___
Weht im Haus ein fri - scher Wind?___

Wisst ihr noch, wo - rauf ihr war - tet?___
Ist der Fun - ke noch le - ben - dig,___
Kommt die Son - ne durch die Fens - ter?___

Kennt ihr den, der kom - men wird? *Kv*
der in eu - ren Her - zen brennt? *Kv*
Ist der Raum fürs Fest ge - schmückt? *Kv*

Text: Helmut Schlegel / Melodie: Dietmar Fischenich / Rechte: Strube Verlag GmbH, München-Berlin

033 Wir singen heilig

Ps 99,3.5.9; Jes 6,3; Offb 4,8

Variante (als Danklied)

Wir durften jetzt mit dir zusammen sein.
Drum lasst uns singen, jauchzen, fröhlich sein.
Halleluja. Wir preisen dich, Gott,
wir danken dir und jubeln dir zu.
Halleluja. Wir preisen dich, Gott,
wir danken dir und jubeln dir zu!

Text: Bernhard Schibli / Melodie: Carl Rütti / Rechte Text und Melodie: beim Urheber

034 Wir bitten, Herr, um deinen Geist

Ps 104,30; 143,10; Lk 11,13

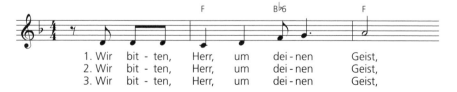

dass du uns dei - ne Kraft ver - leihst. Dass wir das
dass du uns dei - ne Kraft ver - leihst. Wir wol - len
dass du uns dei - ne Kraft ver - leihst. Auch wenn wir

Al - te neu ver - ste - hen und uns___ in Got - tes Nä - he
nicht nur Fra - gen nen - nen, wir möch - ten auch die Ant - wort
fürch - ten zu ver - sa - gen, so lass___ uns doch die Ant - wort

se - hen. Wir bit - ten, Herr, um dei - nen Geist.
ken - nen. Wir bit - ten, Herr, um dei - nen Geist.
wa - gen. Wir bit - ten, Herr, um dei - nen Geist.

Text: Dieter Trautwein / Melodie: Hans Rudolf Siemoneit / Rechte Text: Strube Verlag GmbH, München-Berlin;
Rechte Melodie: Gütersloher Verlagshaus, Gütersloh

Jes 49,16; Lk 17,20; Apg 17,28

Weisst du, wo der Himmel ist 035

1. Weisst du, wo der Him - mel___ ist, aus - sen o - der
2. Weisst du, wo der Him - mel___ ist, nicht so tief ver -
3. Weisst du, wo der Him - mel___ ist, nicht so hoch da

in - nen,___ ei - ne Hand - breit rechts und links,___
bor - gen,___ ei - nen Sprung aus dir he - raus,___
o - ben,___ sag doch ja zu dir und mir,___

du bist mit - ten drin - nen, ___ du bist mit - ten drin - nen.
aus dem Haus der Sor - gen,___ aus dem Haus der Sor - gen. __
du bist auf - ge - ho - ben,___ du bist auf - ge - ho - ben.__

Text: Wilhelm Willms / Melodie: Ludger Edelkötter / Rechte: KiMu Kinder Musik Verlag GmbH, Velbert

036 Nimm du mich, Heiliger Atem

Joh 14,26; 1 Tim 1,12

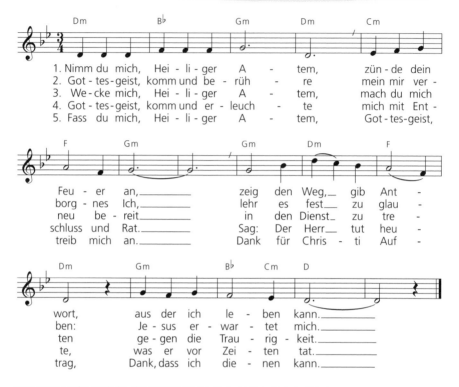

1. Nimm du mich, Hei - li - ger A - tem, zün - de dein
2. Got - tes - geist, komm und be - rüh - re mein mir ver -
3. We - cke mich, Hei - li - ger A - tem, mach du mich
4. Got - tes - geist, komm und er - leuch - te mich mit Ent -
5. Fass du mich, Hei - li - ger A - tem, Got - tes - geist,

Feu - er an,_____ zeig den Weg,_ gib Ant -
borg - nes Ich,_____ lehr es fest_ zu glau -
neu be - reit_____ in den Dienst_ zu tre -
schluss und Rat._____ Sag: Der Herr_ tut heu -
treib mich an._____ Dank für Chris - ti Auf -

wort, aus der ich le - ben kann._____
ben: Je - sus er - war - tet mich._____
ten ge - gen die Trau - rig - keit._____
te, was er vor Zei - ten tat._____
trag, Dank, dass ich die - nen kann._____

Text: Jürgen Henkys / Melodie: Illka Kuusisto / Rechte Text und Melodie: beim Urheber

037 Nada te turbe

Ps 27,1; 73,26f.; Jes 41,10

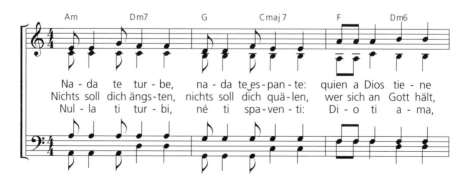

Na - da te tur - be, na - da te es - pan - te: quien a Dios tie - ne
Nichts soll dich ängs - ten, nichts soll dich quä - len, wer sich an Gott hält,
Nul - la ti tur - bi, né ti spa - ven - ti: Di - o ti a - ma,

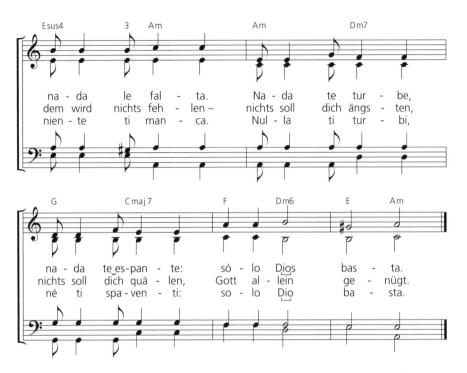

na - da   le fal - ta.   Na - da   te tur - be,
dem wird nichts feh - len – nichts soll dich ängs - ten,
nien - te ti man - ca.   Nul - la   ti tur - bi,

na - da   te es-pan - te: só - lo Dios   bas - ta.
nichts soll dich quä - len,   Gott al - lein   ge - nügt.
né ti   spa - ven - ti: so - lo Dio   ba - sta.

Text: Theresia von Avila / Musik: Jacques Berthier / Rechte Musik: Ateliers et Presses Taizé, F-71250 Taizé-Communauté

Ps 34,4; 106,5; 2 Kor 1,19

Suchen und fragen 038

1. Su - chen und fra - gen,   hof - fen und sehn,
2. Kla - gen - de hö - ren,   Trau - ern - de sehn,
3. Pla - nen und bau - en,   Neu - land be - gehn,

mit - ein - an - der glau - ben   und sich ver - stehn,
an - ein - an - der glau - ben   und sich ver - stehn,
für - ein - an - der glau - ben   und sich ver - stehn,

la - chen, sich öff - nen, tan - zen, be - frein.
auf uns - re Ar - mut lässt Gott sich ein. So
le - ben für vie - le, Brot sein und Wein.

spricht Gott sein Ja, so stirbt un - ser Nein, so

spricht Gott sein Ja, so stirbt un - ser Nein.

Text: Diethard Zils / Melodie: Jo Akepsimas / Satz: Heinz Martin Lonquich, Köln / Rechte Text: tvd-Verlag, Düsseldorf, Rechte Melodie: Editions Musicales, Paris

039 Singt dem Herrn alle Völker

Ps 96; 98; Jes 42,10; Eph 5,19

Kehrvers

Singt dem Herrn, al - le Völ - ker und Ras - sen,

Tag für Tag ver - kün - det sein Heil.

Strophen

1. Singt, als wär es zum ers - ten Mal,—

singt in al - len Spra - chen und Tö - nen,

singt und ruft sei-nen Na - men aus. _____ Kv

2. Wer - det nicht mü - de von ihm zu spre - chen,
von sei - ner ver - bor - ge - nen Ge - gen - wart
in ___ al - lem, was lebt und ge-schieht. _____ Kv

3. Sucht neu - e Wor - te das Wort zu ver - kün - den,
neu - e Ge - dan - ken es aus - zu - den - ken, da -
mit al - le Men-schen die Bot - schaft hör'n. _____ Kv

4. Lasst Gott gross sein und be - tet ihn an.
Er ist mehr als Wort und Ge - dan - ke.
Sagt es al - len: Er ist der Herr. _____ Kv

Text: Hans Bernhard Meyer / Melodie: Peter Janssens / aus: Gute Nachricht für alle Völker, 1970 / Rechte: Peter
Janssens Musik Verlag, Telgte-Westfalen

040 Von guten Mächten

Ps 46,4; 91; Jes 8,10; Röm 8,31

1. Von gu - ten Mäch - ten treu und still um - ge - ben,
2. noch will das al - te uns - re Her - zen quä - len,
7. Von gu - ten Mäch - ten wun - der - bar ge - bor - gen

be - hü - tet und ge - trös - tet wun - der - bar.
noch drückt uns bö - ser Ta - ge schwe - re Last.
er - war - ten wir ge - trost, was kom - men mag.

So will ich die - se Ta - ge mit euch le - ben
Ach Herr, gib un - sern auf - ge - schreck - ten See - len
Gott ist bei uns, am A - bend und am Mor - gen

und mit euch ge - hen in ein neu - es Jahr;
das Heil, das du für uns ge - schaf - fen hast.
und ganz ge - wiss an je - dem neu - en Tag.

3. Und reichst du uns den schweren Kelch, den bittern, des Leids, gefüllt bis an den höchsten Rand, so nehmen wir ihn dankbar ohne Zittern aus deiner guten und geliebten Hand.

4. Doch willst du uns noch einmal Freude schenken an dieser Welt und ihrer Sonne Glanz, dann wolln wir des Vergangenen gedenken und dann gehört dir unser Leben ganz.

5. Lass warm und hell die Kerzen heute flammen, die du in unsre Dunkelheit gebracht, führ, wenn es sein kann, wieder uns zusammen! Wir wissen es, dein Licht scheint in der Nacht.

6. Wenn sich die Stille nun tief um uns breitet, so lass uns hören jenen vollen Klang der Welt, die unsichtbar sich um uns weitet, all deiner Kinder hohen Lobgesang.

Text: Dietrich Bonhoeffer / Melodie und Satz: Kurt Grahl / Rechte Text: Chr. Kaiser, Gütersloher Verlagshaus, Gütersloh; Rechte Melodie und Satz: beim Urheber

Ps 19; 135; 136,1–9

Erd und Himmel sollen singen 041

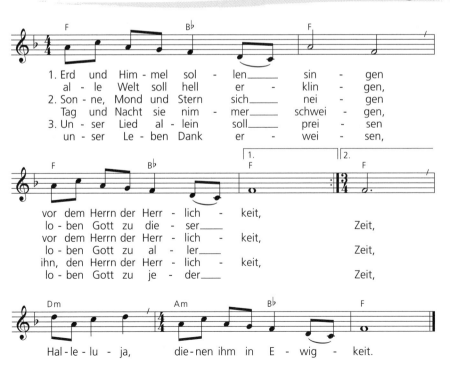

1. Erd und Him - mel sol - len_____ sin - gen
   al - le Welt soll hell er - klin - gen,
2. Son - ne, Mond und Stern sich_____ nei - gen
   Tag und Nacht sie nim - mer_____ schwei - gen,
3. Un - ser Lied al - lein soll_____ prei - sen
   un - ser Le - ben Dank er - wei - sen,

vor dem Herrn der Herr - lich - keit,
lo - ben Gott zu die - ser_____ Zeit,
vor dem Herrn der Herr - lich - keit,
lo - ben Gott zu al - ler_____ Zeit,
ihn, den Herrn der Herr - lich - keit,
lo - ben Gott zu je - der_____ Zeit,

Hal - le - lu - ja, die - nen ihm in E - wig - keit.

Text: altkirchlich frei

042 Bewahre uns, Gott

Num 6,26; Ps 16,1; 17,8; 140,5

1. Be - wah - re uns, Gott, be - hü - te uns, Gott, sei mit uns
2. Be - wah - re uns, Gott, be - hü - te uns, Gott, sei mit uns
3. Be - wah - re uns, Gott, be - hü - te uns, Gott, sei mit uns
4. Be - wah - re uns, Gott, be - hü - te uns, Gott, sei mit uns

auf un-sern We-gen.____ Sei Quel-le und Brot in Wüs - ten -
in al - lem Lei-den.____ Voll Wär-me und Licht im An - ge -
vor al - lem Bö-sen.____ Sei Wil-le, sei Kraft, die Frie - den
durch dei-nen Se-gen.____ Dein Hei - li - ger Geist, der Leben ver -

not, sei um uns mit dei - nem Se - gen. Sei gen.
sicht, sei na-he in schwe-ren Zei - ten. Voll ten.
schafft, sei in uns, uns zu____ er - lö - sen. Sei sen.
heisst, sei um uns auf un - sern We - gen. Dein gen.

Text: Eugen Eckert / Melodie: Anders Ruuth / Satz: Torsten Hampel / Rechte Text: Strube Verlag GmbH, München-
Berlin; Rechte Melodie: beim Urheber; Rechte Satz: Gruppe Habakuk c/o Eugen Eckert, Frankfurt a. M.

043 Aus vielen Körnern

1 Kor 10,16f.; 12,12f.

1. Aus vie - len Kör - nern gibt es Brot. Aus vie - len
2. Du bringst den Frie - den in die Welt. Du bist der
3. Wir al - le stehn am Tisch des Herrn. Er lädt uns

Trau - ben gibt es Wein. Aus vie - len Men - schen wird Ge -
Weg, du bist das Licht. Da - rin er - le - ben wir Ge -
ein zu sei - nem Mahl. Mit ihm zu - sam - men in Ge -

mein - schaft und kei - ner bleibt al - lein. Aus vie - len
mein - schaft und kei - ner ist al - lein. Da - rin er -
mein - schaft bleibt kei - ner mehr al - lein. Mit ihm zu -

Men - schen wird Ge - mein - schaft und kei - ner bleibt al - lein.
le - ben wir Ge - mein - schaft und kei - ner ist al - lein.
sam - men in Ge - mein - schaft bleibt kei - ner mehr al - lein.

Text: Bernhard Schibli / Melodie: Carl Rütti / Rechte Text und Melodie: beim Urheber

2 Chr 1,10f.; Weish 9,1; Kol 1,9

Gib uns Weisheit 044

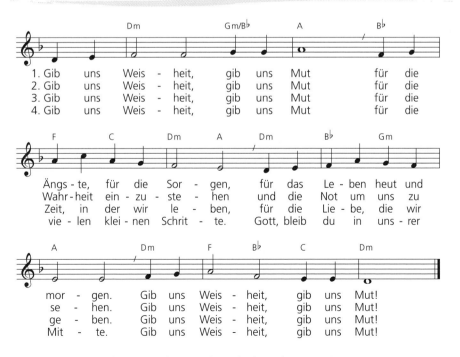

1. Gib uns Weis - heit, gib uns Mut für die
2. Gib uns Weis - heit, gib uns Mut für die
3. Gib uns Weis - heit, gib uns Mut für die
4. Gib uns Weis - heit, gib uns Mut für die

Ängs - te, für die Sor - gen, für das Le - ben heut und
Wahr - heit ein - zu - ste - hen und die Not um uns zu
Zeit, in der wir le - ben, für die Lie - be, die wir
vie - len klei - nen Schrit - te. Gott, bleib du in uns - rer

mor - gen. Gib uns Weis - heit, gib uns Mut!
se - hen. Gib uns Weis - heit, gib uns Mut!
ge - ben. Gib uns Weis - heit, gib uns Mut!
Mit - te. Gib uns Weis - heit, gib uns Mut!

Text und Melodie: Irmgard Spiecker / Rechte: Deutsches Weltgebetstagkomitee, Stein

045 Wenn wir das Leben teilen

Jes 58,7f.; Hebr 13,16; 1 Joh 4,16b

1. Wenn wir das Le - ben tei - len wie das täg - lich Brot,
2. Wenn wir das Blut des Le - bens tei - len wie den Wein,
3. Wenn wir uns öff - nen für den Herrn in die - ser Zeit,

wenn al - le, die uns se - hen, wis - sen: Hier lebt Gott:
wenn man er - kennt: In uns wird Gott le - ben - dig sein:
We - ge ihm bah - nen, dass er kommt und uns be - freit.

Refrain

Je - sus Christ, Feu - er, das die Nacht er - hellt,

Je - sus Christ, du er - neu - erst uns - re Welt.

4. Wenn erst durch unsern Aufschrei Freiheit sichtbar wird,
   wenn Gott es ist, der uns in unserm Handeln führt. *Rfr*

5. Wenn wir die Liebe leben, die den Tod bezwingt, glauben
   an Gottes Reich, das neues Leben bringt. *Rfr*

6. Wenn wir in unsern Liedern loben Jesus Christ, der für uns
   Menschen starb und auferstanden ist. *Rfr*

Text: Hans Florenz / Melodie: Michel Ambroise Wackenheim / Rechte Text: beim Urheber; Rechte Melodie:
Editions du Chalet, Paris

Dan 57–82

Höchster, allmächtiger und guter Herr 046

Kehrvers

1.–7. Höchs - ter, all - mäch - ti - ger und___ gu - ter Herr,___
Schluss: Lo - bet und prei - set den Herrn in Dank-bar - keit___

_ dein sind der Lob - preis, die Herr-lich-keit und Ehr.___
_ und die-net ihm___ mit gros-ser De - - - - mut.

Strophen

1. Herr, sei ge - lobt durch Bru - der Son - ne,
2. Herr, sei ge - lobt durch uns - re Schwes-ter Mond
3. Herr, sei ge - lobt durch uns - ren Bru - der Wind,
4. Herr, sei ge - lobt durch Schwes-ter Was - ser,
5. Herr, sei ge - lobt durch Bru - der Feu - er,
6. Herr, sei ge - lobt durch Mut - ter Er - de,
7. Herr, sei ge - lobt durch je - ne, die ver - zeihn,
8. Herr, sei ge - lobt durch uns - ren Bru - der Tod,

1. er ist der Tag,___ der leuch - tet für und für.___
2. und durch die Ster - ne, die du ge - bil - det hast.___
3. durch Luft und Wol - ken und jeg - lich Wet - ter.___
4. sie ist gar nütz - lich,___ de - muts-voll und keusch.___
5. der uns er - leuch - tet die Dun - kel - heit und Nacht.___
6. die uns er - nährt,___ er - hält und Früch - te trägt.___
7. und die er - tra - gen Schwach-heit, Leid und Qual.___
8. dem kein Mensch le - bend je ent - rin - nen kann.___

1. _ Er ist dein Glanz und E - ben - bild, o Herr. Kv
2. _ Sie sind so hell, so kost - bar und so schön. Kv
3. _ Dein O - dem weht dort, wo es ihm ge - fällt. Kv
4. _ Sie löscht den Durst, wenn wir er - mü - det sind. Kv
5. _ Er ist so schön, gar kraft - voll und auch stark. Kv
6. _ Die auch ge - schmückt durch Blu - men und Ge - sträuch. Kv
7. _ Von dir, du Höchs - ter, wer - den sie ge - krönt. Kv
8. _ Der zwei - te Tod tut uns kein Lei - des an. Kv

Text: Franz von Assisi, Sonnengesang / Melodie: nach der Filmmusik zu «fratello sole sorella luna» von Riz Ortolani / Rechte: unbekannt

047 Gott gab uns Atem

Sir 17,1f.; Spr 20,27; Apg 17,25

1. Gott gab uns A - tem, da - mit wir le - ben.
2. Gott gab uns Oh - ren, da - mit wir hö - ren.
3. Gott gab uns Hän - de, da - mit wir han - deln.

Er gab uns Au - gen, dass wir uns sehn.
Er gab uns Wor - te, dass wir ver - stehn.
Er gab uns Füs - se, dass wir fest stehn.

Gott hat uns die - se Er - de ge - ge - ben,
Gott will nicht die - se Er - de zer - stö - ren.
Gott will mit uns die Er - de ver - wan - deln.

dass wir auf ihr die Zeit be - stehn.
Er schuf sie gut, er schuf sie schön.
Wir kön - nen neu ins Le - ben gehn.

Text: Eckart Bücken / Melodie: Manfred Schlenker / Rechte Text: Strube Verlag GmbH, München-Berlin; Rechte Melodie: Carus-Verlag, Stuttgart

Röm 15,5f.; Phil 2,10; 2 Thess 1,12

Glorify Jesus 048

Swing
Kanon für 4 Stimmen

Hal - le - lu - ja! Glo - ri - fy Je - sus and praise his ho - ly name.

Praise his ho - ly name.

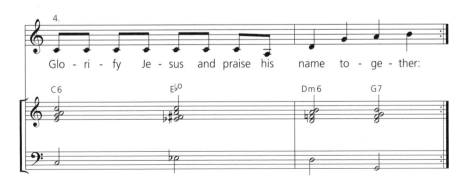

Glo - ri - fy Je - sus and praise his name to - ge - ther:

Text und Satz: Thomas Riegler / Rechte: Tonos Musikverlags GmbH, Darmstadt

Übersetzung

Halleluja! Verherrlicht Jesus und lobt seinen heiligen Namen miteinander!

049 Amazing grace

Ps 18,29; Jes 42,16; Lk 15,3

1. A - ma - zing___ grace, how sweet the sounds, that___ saved a___
1. Der___ Tag ver - geht, und lei - se fällt ein___ Blatt vom___

wretch like___ me. I___ once was___ lost, but now I'm
Le - bens - baum, hi - nab in___ die Ver - gan - gen-

found, was___ blind, but___ now I see.___
heit, der___ Mensch be - merkt es kaum.___

2. 't was grace that taught my heart to
   fear, and grace my fears relieved;
   how precious did that grace appear
   the hour I first believed.

3. Ther's many dangers, toils and snares,
   I have already come;
   't is grace hath bro't me safe thus far,
   and grace will lead me home.

4. How sweet the name of Jesus sounds
in a believer's ear.
It soothes his sorrows, heals the
wounds, and drives away his fears.

5. Must Jesus bear the cross alone
and all the world go free?
No, there's a cross for every one
and there's a cross for me.

Deutsche Fassung

2 Mein Leben lag in Finsternis, mein Leben war nur Qual.
Als mich der Herr beim Namen rief, traf mich der Gnade Strahl.

3 Der Glaube gibt mir Kraft und Mut, die Hoffnung Zuversicht.
Die Liebe wägt nicht Geld noch Gut, sie lehrt mich den Verzicht.

4 Lebst du in einer Welt aus Stein und kalter Einsamkeit,
ruf gläubig Gottes Namen an, er schenkt Geborgenheit.

5 Das Leben ist kein flücht'ger Traum, das Leben ist kein Spiel.
Es führt uns all, durch Zeit und Raum, hin auf das grosse Ziel.

Text: John Newton; Text deutsch: unbekannt / Melodie: Traditional aus USA / Rechte Text und Melodie: frei;
Rechte Satz: Verlag Schweizer Singbuch Oberstufe

Num 6,24f.; Ps 89,25; 91; 121,7f.

Sei behütet Tag und Nacht 050

Text: Eugen Eckert / Melodie: Horst Christill / Rechte: Strube Verlag GmbH, München-Berlin

051 Si ya hamba

Röm 15,5f.; Phil 2,10; 2 Thess 1,12

Si ya ham - ba gu kha - nye - ni quen-co,___ si ya
We are march - ing in the light___ of God,___ we are

ham - ba gu kha - nye - ni quen - co.___
march - ing in the light___ of God___

2. quen-co._____ Si ya
2. of God._____ We are

gu kha - nye - ni quen - co.___ Si ya
in the light___ of God.___ We are

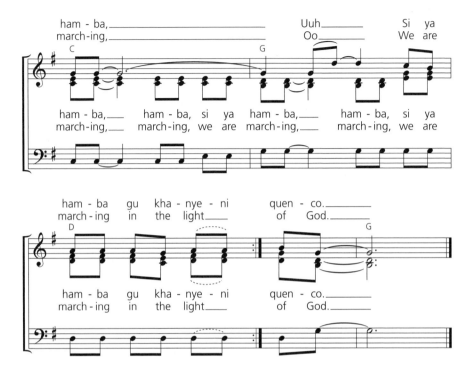

Text und Melodie: aus Südafrika / Satz: Franziska Gohl / Rechte Melodie und Text: frei; Rechte Satz: Verlag
Schweizer Singbuch Oberstufe

Übersetzung

Wir gehen im Lichte Gottes.

052 S'phamandla Nkosi

Jes 35,5f.; 1 Kor 13,1f.; Kol 3,12f.

S'pha - ma - ndla Nko - si!   O - ku - nge - sa - bi!
1. Sanft - mut   den Män - nern!   Gross - mut den Frau - en!
2. Mut den   Ge - jag - ten!   Ehr - furcht den Star - ken!
3. Flü - gel   den Lah - men!   Lie - der den Stum - men!

S'pha - ma - ndla Nko - si!   Si - ya - wa - di - nga.
Lie - be   uns al - len,   weil wir sie brau - chen.
Frie - de   uns al - len,   weil wir ihn brau - chen.
Träu - me   uns al - len,   weil wir sie brau - chen.

Text: aus Schweden; Text deutsch: Gerhard Schöne / Melodie: aus Südafrika / Satz: unbekannt / Rechte Text und Melodie: frei; Rechte Text deutsch: beim Urheber

Übersetzung
O Gott, gib uns Hoffnung, dem Hass zu wehren. O Gott, gib uns Hoffnung, nicht zu verbittern.

053 Gottes Lob wandert

Lk 1,46f.

1. Got - tes Lob wan - dert und Er - de darf hö - ren.
2. Scha - ren von Schwes - tern und Brü - dern im Glau - ben
3. Wun - der der Wun - der: Für uns wirst du Mensch, Herr!

Einst sang Ma - ri - a, sie ju - bel - te Ant - wort.
sin - gen, was da - mals Ma - ri - a ge - sun - gen,
Lass doch das Lied, das Ma - ri - a uns lehr - te,

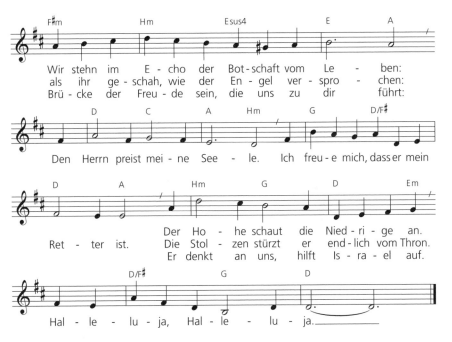

Wir stehn im E - cho der Bot - schaft vom Le - ben:
als ihr ge - schah, wie der En - gel ver - spro - chen:
Brü - cke der Freu - de sein, die uns zu dir führt:

Den Herrn preist mei - ne See - le. Ich freu - e mich, dass er mein

Ret - ter ist. Der Ho - he schaut die Nied - ri - ge an.
Die Stol - zen stürzt er end - lich vom Thron.
Er denkt an uns, hilft Is - ra - el auf.

Hal - le - lu - ja, Hal - le - lu - ja.

Text: Jürgen Henkys / Melodie: Manfred Schlenker / Rechte Text: Strube Verlag GmbH, München-Berlin; Rechte Melodie: Deutscher Verlag für Musik, Leipzig

Ps 18,30;
Lk 1,76f.; Apg 2,1f.

Mit meinem Gott spring ich über Mauern 054

Kehrvers

Mit mei - nem Gott spring ich ü - ber Mau - ern,

mit mei - nem Gott stell ich die Welt auf den Kopf.

Mit mei - nem Gott, mit den Schwes - tern und Brü - dern,

bau - en wir an uns - rer Er - de,

bau - en wir an sei - nem Reich.

Strophen

1. Sieh dir____ nur mal____ den A - bra - ham an:____
2. Sieh dir____ nur mal____ den Da - vid an:____
3. Sieh dir Ma - ri - a____ aus Mag - da - la an:____
4. Sieh dir____ nur die____ A - pos - tel an:____

Ein al - ter Mann,____ was fängt der noch an.
Ein klei - ner Bub,____ was fängt der schon an.
So ei - ne Frau, die hört man doch nicht an.
Ein - fa - che Men - schen, so wie je - der-mann.

Doch er bricht auf ins neu - e Land,
Doch er ver - traut, setzt al - les ein,
Doch mor - gens früh am drit - ten Tag,
Sie ha - ben Angst und sperr'n sich ein,

wo er neu - es Le - ben____ und Zu - kunft fand. *Kv*
und er wird am En - de____ der Sie - ger sein. *Kv*
⅞ ver - kün - det sie____ ein lee - res Grab. *Kv*
⅞ doch Got - tes Geist____ reisst Mau - ern ein. *Kv*

Text, Melodie und Rechte: Herbert Adam

Jdt 13,19; Est 3,13b; Jes 32,15.16

Wo ein Mensch Vertrauen gibt 055

1. Wo ein Mensch Ver - trau - en gibt,___
2. Wo ein Mensch den an - dern sieht,___
3. Wo ein Mensch sich selbst ver - schenkt___

nicht nur an sich sel - ber denkt,___
nicht nur sich und sei - ne Welt,___
und den al - ten Weg ver - lässt,___

fällt ein Trop - fen von dem Re - gen,
fällt ein Trop - fen von dem Re - gen,
fällt ein Trop - fen von dem Re - gen,

der aus Wüs - ten Gär - ten macht.___
der aus Wüs - ten Gär - ten macht.___
der aus Wüs - ten Gär - ten macht.___

Text: Hans-Jürgen Netz / Melodie: Fritz Baltruweit / Rechte: tvd-Verlag, Düsseldorf

056 O Dio crea in me
Ps 51,12-14; Jes 12,3; 33,9

O Di - o cre - a in me un — cuo - re pu - ro ed in -
fon - di den - tro di me u - no spi - ri - to nuo - vo.

Non ri - get - tar - mi dal - la tu - a pre - sen - za.
Fam - mi re - star con te — in co - mun - io - ne.

Ren - de - mi la gio - ia del - la tu - a sal - vez - za ed in -
fon - di den - tro di me u - no spi - ri - to nuo - vo.

Text Ps 51,12–14 / Melodie: unbekannt / Rechte Text und Melodie: frei; Rechte Text deutsch und Satz: Berchtold Haller Verlag, Bern

Übersetzung

O Gott, schaffe in mir ein reines Herz und senke in mir einen neuen Geist ein.
Weise mich nicht zurück von deiner Gegenwart und lass mich in Verbindung mit dir bleiben.
Schenke mir die Freude deines Heiles und senke in mir einen neuen Geist ein.

057 Wir ziehen vor die Tore der Stadt
Lev 16,27; Lk 22,37; Hebr 13f.

1. Wir zie - hen vor die To - re der Stadt. Der Herr ist nicht mehr
2. Er ist ent - schlos - sen We - ge zu gehn, die kei - ner sich ge -
3. Er ruft uns vor die To - re der Welt. Denn draus - sen wird er

| Em | Am | Dm | C | Em | Am |

fern. Singt laut, wer ei - ne Stim - me hat. Er -
traut. Er wird zu den Ver - stoss - nen stehn, wird
sein, der draus - sen ei - ne Krip - pe wählt und

| Dm | B♭ | F | G | A | Dm | Gm | Cm |

hebt die Bli - cke, wer schwach und matt. Wir zie - hen vor die
nicht nach an - de - rer Ur - teil sehn. Er ist ent-schlos-sen
draus - sen stirbt auf dem Schä - del - feld. Er ruft uns vor die

| B♭ | Dm | C | F | G |

To - re der Stadt und grüs - sen un - sern Herrn.
We - ge zu gehn, vor de - nen al - len graut.
To - re der Welt: Steht für die draus - sen ein!

Text: Gottfried Schille / Melodie: Manfred Schlenker / Rechte Text: beim Urheber; Rechte Melodie: Deutscher
Verlag für Musik, Leipzig

Lk 22,19f.; Joh 15,4f.

Kommt mit Gaben und Lobgesang 058

| C | | | F | C | Dm |

1. Kommt mit Ga - ben und Lob - ge - sang, ju - belt laut und sagt
2. Chris - tus eint uns und gibt am Heil sei - nes Mah - les uns
3. Je - sus ruft uns. Wir sind er-wählt, Frucht zu brin - gen, wo

| G/H | G | C | | F | C |

fröh - lich Dank: Er bricht Brot und reicht uns den Wein,
al - len teil, lehrt uns le - ben von Gott be - jaht.
Zwei - fel quält. Gott, der ü - ber - all zu uns hält,

Refrain

| Dm | | G7 | C | Am |

fühl - bar will er uns na - he sein.
Wah - re Lie - be schenkt Wort und Tat. Er - de, at - me auf,
gibt uns Wort und Brot für die Welt.

| Dm7 | | G | | C | F/C | C |

Wort, nimm dei - nen Lauf! Er, der lebt, ge-bot: Teilt das Brot!

Text: Detlev Block nach dem engl. «Let us talents and tongues employ» von Fred Kaan / Melodie: Doreen Potter,
nach einem Volkslied aus Jamaika / Rechte Text und Melodie: Stainer & Bell, London

059 Du bist heilig

Ps 99,3.5.9; Jes 6,3; Offb 4,8

Teil 1

Du bist hei - lig, du bringst Heil,____ bist die
mit - ten un - ter uns im Geist,____ der Le -

Fül - le, wir ein Teil____ der Ge-schich - te, die du webst,
ben - dig-keit ver - heisst,____ kommst zu uns in Brot und Wein,

1.
____ Gott, wir dan - ken dir, du lebst____
____ schenkst uns

2.
dei - ne Lie - be ein.____ Du bist hei - lig,____ du bist
lu - ja,____ Hal - le -

hei - lig,____ du bist hei - lig.____ Al - le
lu - ja,____ Hal - le - lu - ja.____ Hal - le -

1.
Welt schau - e auf dich.____ Hal - le -

2.
lu - ja____ für dich.

Text: Fritz Baltruweit / Melodie: Per Harling / Rechte Text: tvd-Verlag, Düsseldorf; Rechte Melodie: Ton-Vis
Produktion AB Per Harling, Uppsala

Hinweis: Teil 1 und Teil 2 können gleichzeitig gesungen werden.

Ps 126; Jes 35,5f.; Lk 7,22f.

Wie ein Traum wird es sein 060

Kehrvers

Wie ein Traum wird es sein, wenn der Herr uns be-freit: Zu uns selbst und zum
Glück sei-ner kom-men-den Welt. Wie ein kom-men-den Welt.

Strophen

1. Der Blin-de blin-zelt in die Son-ne, dem
2. Ge-duck-te he-ben ih-re Köp-fe, Ent-
3. Die Al-les-wis-ser ha-ben Fra-gen, der

Tau-ben ver-rätst du ein Wort und er nickt. Der
täusch-te ent-de-cken: Die Welt ist so bunt. Ver-
An-al-pha-bet liest die Zei-chen der Zeit, wer

stumm ge-we-sen, spricht die Wahr-heit. Der
plan-te ma-chen sel-ber Plä-ne. Die
nichts be-sitzt, spen-diert für al-le. Die

lah-me Mann schiebt sei-nen Roll-stuhl nach Haus. *Kv*
Schwarz-se-her sa-gen: Es ist al-les gut. *Kv*
Herr-schen-den ma-chen sich nütz-lich im Haus. *Kv*

Text: Lothar Zenetti / Melodie: Herbert Beuerle / Rechte: Strube Verlag GmbH, München-Berlin

061 May the road

Num 6,24f.; Ps 90,17; 1 Petr 5,6

Klavier oder 3 Instrumente

1. May the road rise   to meet you,   may the winds   be al-ways at your back,   may the sun shine warm up-on_____ your face,   the rain   fall soft up-on   your fields.   And un -

2. May the sun make   your days bright,   may the stars   il-lu-mi-nate your nights.   May the flo-wers bloom a-long   your path,   your house   stand firm a-gainst the storm.

til we meet a-gain, un - til we meet a - gain may
God hold you in the palm of His hand!

Text: aus Irland / Melodie: James E. Moore jr. / Satz: Michael Gohl / Rechte Text: frei; Rechte Melodie: beim Urheber; Rechte Satz: Verlag Schweizer Singbuch Oberstufe

Übersetzung

1 Möge dein Weg dir freundlich entgegenkommen, möge der Wind dir den Rücken stärken. Möge die Sonne dein Gesicht erhellen und der Regen um dich her die Felder tränken. Und bis wir beide, du und ich, uns wiedersehen, möge Gott dich schützend in seiner Hand halten.

2 Möge die Sonne deine Tage erhellen und die Sterne deine Nächte erleuchten. Mögen Blumen entlang deines Weges blühen und dein Haus fest im Sturme stehen.

062 Give thanks

Ps 30,13; 71,22; Joh 3,16

Übersetzung

Gib deinen Dank aus vollem Herzen, gib deinen Dank ihm, dem Heiligen, gib deinen Dank, weil er uns gegeben hat Jesus Christus, seinen Sohn. Und jetzt, lass den Schwachen sagen: «Ich bin stark!» Lass den Armen sagen: «Ich bin reich!», weil der Herr das alles für uns getan hat.

Christ, His Son. And now let the weak say «I am strong», let the poor say «I am rich» be-cause of what the Lord has done for us. And (Give)

Nach dem 2. Mal:
D.C. al Fine

Text: überliefert / Melodie: Spiritual / Satz: Kurt Müller-Klusman / Rechte Text und Melodie: frei; Rechte Satz: Verlag Schweizer Singbuch Oberstufe

063 Zwischen Kreuz und Auferstehung Joh 16,33; 2 Kor 4,10; Gal 6,14

1. Zwi-schen
3. Zwi-schen

Kreuz und Auf - er - ste - hung,___ zwi-schen
sinn - los Leid und Freu - de,___ zwi-schen
Schuld - last und Ver - ge - bung,___ zwi-schen
Trost - los - nacht und Hoff - nung,___ zwi-schen

Fins - ter - welt___ und Tag, zwi-schen
Schmerz und war - mem Trost, zwi-schen
Not und hel - fend Heil, zwi-schen
Wi - der - sinn___ und Sinn, zwi-schen

Angst und hel - ler Frei - - - heit
Flut und Re - gen - bo - - - gen
Blut - ge - walt und Frie - - - den
Kreuz und Auf - er - ste - - - hung

le - ben wir, le - ben wir._____
le - ben wir, le - ben wir._____
le - ben wir, le - ben wir._____
le - ben wir, le - ben wir._____

2. Zwi-schen
4. Zwi-schen

Text: Kurt Rose / Melodie: Wolfgang Teichmann / Rechte: Strube Verlag GmbH, München-Berlin

Ps 99,3.5.9; Jes 6,3; Offb 4,8

Santo, santo 064

1. San - to, san - to, san - to. ¡ Mi co - ra-zón te a-
2. Hei - lig, hei - lig, hei - lig. Mein Herz, es be - tet
3. Ho - ly, ho - ly, ho - ly. My heart, my heart a -
4. Dieu saint, Dieu saint, Dieu saint: Mon cœur, mon cœur t'a -

do - ra! Mi co - - - ra - zón te
dich an. Es weiss, was es dir
dores you! My heart knows how to
do - re, mon cœur le sait, mon

sa - be de-cir: ¡ San - to e-res Se - ñor!
sa - gen will: Hei - lig bist du, Gott!
say to you: Ho - ly are you Lord!
cœur te le dit: sa - cré est ton nom!

Text und Melodie: volkstümliches Sanctus aus Argentinien; Text deutsch: Wolfgang Leyk / Rechte: frei

065 Suchet zuerst Gottes Reich

Mt 6,33; Phil 2,15

2. Betet, und ihr sollt es nicht vergeblich tun. Suchet, und ihr werdet finden.
Klopft an und euch wird die Türe aufgetan. Halleluja, Halleluja. Nach Matthäus 7,7

3. Lasst Gottes Licht durch euch scheinen in der Welt, dass sie den Weg zu ihm
findet und sie mit euch jeden Tag Gott lobt und preist. Halleluja, Halleluja.
Nach Matthäus 5,16

4. Jauchzet dem Herrn mit Frohlocken, alle Welt, dienet dem Herren mit Freuden.

Nach Psalm 100,1.2

5. Lobe den Herrn, meine Seele, denke dran, was er dir Gutes getan hat.

Nach Psalm 103,2

6. Danket dem Herrn, seinen Namen preiset laut, kündet sein Tun allen Völkern.

Nach Psalm 105,1

Strophe 1 nach Matthäus 6,33

Text 1: nach Matthäus 5; Text 2: Gerhard Hopfer / Melodie: Karen Lafferty / Satz: Kommission 99 / Rechte Text 1: frei; Rechte Text 2: Mundorgel Verlag, Köln/Waldbröl; Rechte Melodie und Satz: CopyCare Deutschland, Holzgerlingen

Mt 26,26f.; 1 Kor 11,23f.

Brot, Gemisch aus Korn 066

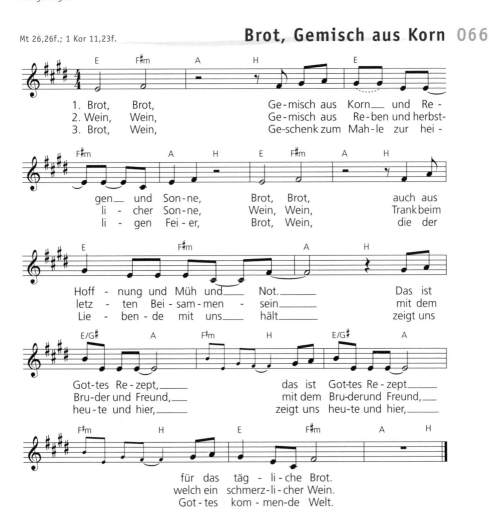

Text: Kurt Rose / Melodie: Wolfgang Teichmann / Rechte: Strube Verlag GmbH, München-Berlin

Ankommen

067 Wie eine Schnecke

Sich zurückziehen
Time-out:
Seine Mitte suchen
Konzentration
Schutz finden
Geborgenheit

Antennen ausfahren
Online:
Leben suchen
Gott suchen
Zusammen mit andren
Feiern.

Sei bei uns, Gott. Amen

Frieder Furler, Zürich

Sammlung

068 Gott, hilf mir beten

Gott, hilf mir beten
und meine Gedanken sammeln zu dir;
ich kann es nicht allein.
In mir ist es finster,
aber bei dir ist das Licht;
ich bin einsam,
aber du verlässt mich nicht;
ich bin kleinmütig,
aber bei dir ist die Hilfe;
ich bin unruhig,
aber bei dir ist der Friede;
in mir ist Bitterkeit,
aber bei dir ist die Geduld;
ich verstehe deine Wege nicht,
aber du weisst den Weg für mich.

Dietrich Bonhoeffer
Aus: Widerstand und Ergebung.
Christian Kaiser / Gütersloher Verlagshaus, Gütersloh

Was mich beschwingt

069 herr, ich danke dir

herr,
ich danke dir,
weil es schön ist,
jung zu sein.
ich danke dir,
dass ich mich freuen kann
über ein lächeln,
das mir gilt,
über eine hand,
die nach meiner hand sucht.
ich danke dir,
dass ich freude habe
an einem menschen,
zu dem es mich hinzieht.
ich danke dir
für die sehnsucht,
die mich gefangen nimmt
und verwandelt.
ich danke dir
für den menschen,
der für mich da ist
und mich braucht.

Dietmar Rost / Joseph Machalke
Aus: Mein Traum vom Leben.
Gütersloher Verlagshaus, Gütersloh 2001

071 Ein Apfelbaum

Hohelied 2.3

du streckst dich
dem Wind entgegen
von deinen Wurzeln gehalten

du blühst
reifst
und trägst Frucht

bist mitten im Leben
und das Leben
ist in dir

weil du stark bist
kannst du empfindsam sein
und verletzbar bleiben

du stellst dich
der Wirklichkeit
und traust dem Traum

du liebst
das Leben

bei dir
will ich ausruhen

deine Kraft ist mir Stütze
deine Stärke Geborgenheit

deine Behutsamkeit ist mir Wärme
deine Entschiedenheit Herausforderung

deine Nähe ist mir Ermutigung
deine Empfindsamkeit Lust

bei dir
kann ich ausruhen

bei dir
finde ich mich

mit dir
gehe ich

dem Leben
entgegen

Andrea Schwarz
Aus: Mich zart berühren lassen von Dir: Ein Hohes Lied
der Liebe. Verlag Herder, Freiburg ³2000

Was mich beschwingt

070 Die Clique macht mich stark

nach Psalm 23

Stärke und Halt unserer Gemeinschaft,
was wäre mein Leben ohne meine Clique?
In Sorgen und Freuden bin ich dort zu Hause,
kann alles, was mich bedrückt, was mich klein,
hässlich und krank macht, dort abladen.
Oft sind meine Gedanken ihre Gedanken,
meine Sorgen auch ihre Sorgen. Wir sind uns nah.
Oft fühle ich mich dort wohler als zu Hause,
denn dort sagt niemand:
Mach das nicht, lass jenes sein!
Jeder freut sich mit jedem und zeigt das auch.
Wenn ich Stress oder Ärger in der Schule habe,
dann finde ich dort offene Ohren und Rückhalt.
Wenn mich Kummer drückt,
dann finde ich dort Unterstützung.
Und das macht stark und sicher.
Wenn wir auch oft über die Stränge schlagen
und nicht immer genau nachdenken, was wir tun,
so finden wir doch oft auch gemeinsam einen
Weg,
einander zu helfen, zu verstehen und zu stützen.
Meine Freundin fühlt sich dort auch sicher,
jeder kann sich auf jeden verlassen.
Es ist eine Gemeinschaft,
in der du irgendwie vorhanden bist,
ohne dass wir es sagen, es besonders betonen.
In unserer Mitte hast auch du einen Platz.
Vielleicht geht von dir die Sicherheit aus,
in der wir uns so gut verstehen.
Ich danke dir, dass es diese Clique gibt
und dass wir uns so gut verstehen.
Amen.

Karlheinz Vonderberg
Aus: Neue Psalmen für Jugendliche.
Kreuz Verlag, Stuttgart ³1996

073 Geduld

nach Psalm 1

Geduld ist nicht meine Stärke
Unbekannter im Himmel,
in mir brennen tausend Fragen
und tausend Wünsche,
in mir wüten tausend Begierden
und tausend Ängste.
Warum hast du mich so geschaffen,
mit dieser Unzufriedenheit
und diesen Kämpfen?
Warum kann mein Blick
nur kurz verweilen
bei den Dingen, die mir
nicht wichtig erscheinen?
Warum ist meine Sprache
für meine Eltern
und Lehrer so unverständlich?
Warum bin ich für mich der Mittelpunkt
der Welt und das Zentrum aller Dinge?
Meine Fragen schreien nach dir,
und sie reissen meine Probleme
zu dir in die Höhe,
meine Ängste lassen dich dort oben
nicht schlafen,
denn deine Antwort
kann meine Zukunft sein.
Gib mir die Kraft,
meinen eigenen Weg zu gehen.
Gib mir die Kraft, meinen Eltern und
Lehrern, meinen Freunden
und Verwandten klar zu machen,
dass ich mehr bin als nur ein Kind.
Gib mir die Zuversicht,
dass ich Antworten suchen
und finden kann.
Gib mir den Glauben,
dass alles in deiner Hand liegt.
Denn du hast mich so gewollt,
wie ich jetzt bin.
Dann nimm mich auch so an.
Amen.

Karlheinz Vonderberg
Aus: Neue Psalmen für Jugendliche.
Kreuz Verlag, Stuttgart ³1997

072 Schuld

Ich will frei sein
und halte doch andere fest.

Ich will Verantwortung selbst tragen
und nehme sie doch anderen ab.

Ich will mir meinen Weg
nicht vorschreiben lassen,
ihn selbst suchen und finden,
und doch schreibe ich ihn anderen vor.

Ich will keine Belehrungen,
und doch belehre ich.

Ich will keine Vorwürfe,
und doch werfe ich vor.

Ich will nicht übersehen werden,
und doch übersehe ich andere.

Ich will nicht eingeengt werden,
und doch enge ich andere ein.

Ich ärgere mich über Intoleranz,
und doch toleriere ich andere nicht.

Ich hab es begriffen.

Gott hilf mir
neu zu werden
neu zu sein.

Dagmar Bröker
Aus: Christel Voss-Goldstein (Hrsg.):
Abel, wo ist deine Schwester?
Patmos Verlagshaus, Düsseldorf ³1991
© Ch. Voss-Goldstein, DE-Neuss

074 Mein Glück war wie ein Flug

Mein Glück war wie ein Flug
mit dem Ballon.

Ich war so leicht.
Ich konnte ganz relaxt
das Leben geniessen.

Bis zum grossen Knall.

Jetzt gehe ich wieder zu Fuss.
Jetzt handle ich wieder.

Den Landungsschmerz muss ich
noch überwinden.

Bitte, hilf mir dabei.

Ingeborg Kistner
Aus: Enter. Gebetsanstösse,
Kreuz Verlag, Stuttgart ²2001

075 Guter Gott

Guter Gott,
ich habe nicht die Idealfigur.
Ich sehe nicht aus wie ein Fotomodell.
Ich will so sein dürfen, wie ich bin:
ohne Idealgewicht,
ohne Markenkleidung,
ohne Fassade.
Vor dir darf ich sein, wie ich bin.
Danke!

Ingeborg Kistner
Aus: Enter. Gebetsanstösse,
Kreuz Verlag, Stuttgart ²2001

076 Mitgegangen – mitgehangen

Mitgegangen – mitgehangen
Ich will aussteigen!
Ich will neu anfangen!
Starker Gott, schenke mir eine Chance
und die nötige Kraft.
Lass mir Menschen begegnen,
die mir dabei helfen.

Ingeborg Kistner
Aus: Enter. Gebetsanstösse,
Kreuz Verlag, Stuttgart ²2001

077 Du bist bei mir

nach Psalm 23
Du bist bei mir.
Warum soll ich mich fürchten?
Wenn keiner meinen Hunger stillt,
du nährst mir Geist und Herz.
Wenn alles mir zerrinnt
wie Sand in meinen Fingern,
so hältst du mich,
gibst Wasser, das den Durst mir löscht,
den Durst nach Leben.
Du führst mich sicher, zeigst mir den Weg.
Du führst mich,
wenn die Lichter verlöschen,
wenn das Dunkel kommt,
wenn ich einsam bin,
wenn ich lieblos war gegen die Menschen
und vor dir – du bleibst bei mir.
Dein Kreuz ist mir zum Zeichen,
dass du mich liebst.
Du bist bei mir.

Aus: Alfonso Pereira / Kirsten Balberg (Hrsg.):
Jugend und Gott. Verlag Butzon & Bercker, Kevelaer ³1999

nach Psalm 22
Wo bist Du, Gott
bei so viel Hunger?
Was tust Du, Gott
bei so viel Elend?
Wen brauchst Du, Gott
für so viel Not?
Wie hilfst Du, Gott
bei so viel Tod?
Warum schweigst Du, Gott
bei so viel Schreien?

Anton Rotzetter
Aus: Gott, der mich atmen lässt.
Verlag Herder Freiburg ¹⁶2001

Du kennst mich,
meine innersten Gedanken,
vor dir kann ich mich nicht maskieren,
du schaust hinter jede Maske.
Ob ich arbeite oder schlafe,
ob ich froh bin oder traurig,
du weisst meine Gedanken.
Du kennst meine Hoffnungen und meine Ängste,
vor dir liegt alles offen.
Es gibt keinen Ort,
an dem du nicht bei mir bist,
keine Minute, in der du mich nicht hältst.
Ich danke dir,
dass du dich so wunderbar erweist
an jedem Tag meines Lebens.
Ich danke dir,
dass du immer bei mir bist.

Aus: Alfonso Pereira/Kirsten Balberg (Hrsg.):
Jugend und Gott.
Verlag Butzon & Bercker, Kevelaer ³1999

nach Psalm 49
Schaffe in mir, Gott, ein neues Herz.
Das alte gehorcht der Gewohnheit.
Schaff mir neue Augen.
Die alten sind behext vom Erfolg.
Schaff mir neue Ohren.
Die alten registrieren nur Unglück.
Und eine neue Liebe zu den Bäumen
statt der voller Trauer.
Eine neue Zunge gib mir
statt der von der Angst geknebelten.
Eine neue Sprache gib mir
statt der gewaltverseuchten,
die ich gut beherrsche.
Mein Herz erstickt an der Ohnmacht
aller, die deine Fremdlinge lieben.
Schaffe in mir, Gott, ein neues Herz.

Und gib mir einen neuen gewissen Geist,
dass ich dich loben kann
ohne zu lügen,
mit Tränen in den Augen,
wenn's denn sein muss,
aber ohne zu lügen.

Dorothee Sölle
Aus: Träume mich, Gott.
Peter Hammer Verlag, Wuppertal 1994

Hören

082 Nur wer Mut hat

Nur wer Mut hat zu träumen,
hat auch Kraft zu kämpfen.

Martin Luther King

Einleitung

081 Worauf sollen wir hören?

Worauf sollen wir hören, sag uns worauf?
So viele Geräusche –
welches ist wichtig?
so viele Beweise –
welcher ist richtig?
So viele Reden –
ein Wort ist wahr.

Wohin sollen wir gehen, sag uns wohin?
So viele Termine –
welcher ist wichtig?
So viele Parolen –
welche ist richtig?
So viele Strassen –
ein Weg ist wahr.

Wofür sollen wir leben, sag uns wofür?
So viele Gedanken –
welcher ist wichtig?
So viele Programme –
welches ist richtig?
So viele Fragen –
die Liebe zählt.

Lothar Zenetti
Aus: Auf Seiner Spur.
Topos Plus Taschenbuch 327,
Matthias-Grünewald-Verlag,
Mainz ²2001

Jesus

083 Einer kam und zeigte

Einer kam
und zeigte,
wie ein Blitzlicht,
einen Bruchteil
der Geschichte,
was ein Mensch sein könnte.

Martin Gutl
Aus: J. Dirnbeck / M. Gutl: Ich begann zu beten.
Verlag Styria, Graz, Wien, Köln 1992

Jesus

**084 Gründe der
Hoffnung**

Einer
lebte an
gegen
den Tod.

Einer
starb
für
das Leben.

Sein Grab ist leer.

*Wolfgang Abendschön
Aus: Wanted: Gott. Gütersloher Verlagshaus,
Gütersloh 1998*

Jesus

**085 Was Jesus
für mich ist?**

Was Jesus für mich ist?
Einer, der für mich ist.

Was ich von Jesus halte?
Dass er mich hält!

*Lothar Zenetti
Aus: Auf Seiner Spur.
Topos Plus Taschenbuch 327,
Matthias-Grünewald-Verlag, Mainz ²2001*

Gott Vater, Sohn und Heiliger Geist

**086 ein nachapostolisches
bekenntnis**

ich glaube an gott
der liebe ist
den schöpfer des himmels und der erde

ich glaube an jesus
sein menschgewordenes wort
den messias der bedrängten und unterdrückten
der das reich gottes verkündet hat
und gekreuzigt wurde deswegen
ausgeliefert wie wir der vernichtung des todes
aber am dritten tag auferstanden
um weiterzuwirken für unsere befreiung
bis dass gott alles in allem sein wird

ich glaube an den heiligen geist
der uns zu mitstreitern des auferstandenen
macht
zu brüdern und schwestern derer die
für die gerechtigkeit kämpfen und leiden

ich glaube an die gemeinschaft
der weltweiten kirche
an die vergebung der sünden
an den frieden auf erden für den zu arbeiten
sinn hat
und an die erfüllung des lebens
über unser leben hinaus

*Kurt Marti
Werkauswahl in fünf Bänden, Aus: Namenszug mit Mond.
Gedichte, Wortstücke und Notizen, Verlag Nagel & Kimche AG,
Zürich 1996*

Gott

087 Ich glaube an das Licht

Ich glaube an das Licht,
an deine Gegenwart überall,
in der Farbe des Himmels,
in den welken Blättern,
in den Ruten des Ginsters,
in den Schatten der Hügel,
in den Stimmen aller Geschöpfe.
Du bist in jedem Gefühl,
ich beuge mich deiner Liebe,
ich glaube an das Licht.

Aus: Alfonso Pereira / Kirsten Balberg (Hrsg.):
Jugend und Gott. Verlag Butzon & Bercker,
Kevelaer ³1999

Liebe

088 zu lieben ist weder machen noch tun

zu lieben
ist weder
machen
noch tun

und geht nicht
mit Kopf
Wissen
Verstand

lässt sich
nicht einplanen
und nicht
vorherbestimmen

Liebe
entzieht sich
der
Verfügbarkeit

stellt sich
dem Wollen
und Haben
entgegen

Liebe ist
oder ist nicht

will ganz
oder gar nicht

will alles
oder nichts

zu lieben
ist Segen
und Geschenk

und geliebt
zu werden

Gnade

Andrea Schwarz
Aus: Mich zart berühren zu lassen von Dir.
Ein Hohes Lied der Liebe, Verlag Herder, Freiburg ³2000

Liebe

089 Es gab Schreie

Schreie nach Liebe
Schreie nach Vergeltung
und Versöhnung
nach etwas, das nie hier war

Aus dem Schreien wurde Trauer
Trauer um Liebe, die man nie hatte
Trauer nach Vergeltung, die nie kam
Trauer um Versöhnung, die nie
stattgefunden hat

Mit der Trauer kamen Tränen
Tränen um die Liebe
Tränen um Vergeltung
Tränen um Versöhnung

Aus den Tränen wuchs eine Rose
eine Rose ohne Stacheln
eine Rose, die vollkommen ist
Die Rose wächst aus den Schreien,
der Trauer und den Tränen
Ihr Schatten spendet Trost
Ihre Schönheit gibt Geborgenheit

Auf einmal wurde aus dem Schreien
Lachen
aus der Trauer Freude
Und aus den Tränen wuchsen Bäume

Da wussten wir, er war hier

Pascal Moll
Aus: Menschen leben in Tradition. Lehrmittelverlag
des Kantons Zürich 2000

Tischgemeinschaft

090 steht auf vom tod

steht auf vom tod
ihr seid geweckt
kommt her zu tisch
er ist gedeckt

kommt esst
das brot
das ist
mein leib

kommt trinkt
den wein
das ist
mein blut

steht auf vom tod
ihr seid geweckt
kommt her zu tisch
er ist gedeckt

geht und
verteilt
ihr seid
das brot

geht und
reicht rund
ihr seid
der wein

steht auf vom tod
ihr seid geweckt
kommt her zu tisch
er ist gedeckt

geht und
sagt rund
von mund
zu mund

geht und
sagt rund
ein neuer bund

steht auf vom tod
ihr seid geweckt
kommt her zu tisch
er ist gedeckt

Wilhelm Willms
Aus: meine schritte kreisen um die mitte. neues
lied im alten land, Verlag Butzon & Bercker,
Kevelaer 1984

Feiern

091 Fest

Wo Gott kein Fest mehr wird,
hat er aufgehört, Alltag zu sein.

Kurt Marti
Werkauswahl in fünf Bänden,
Aus: Unter der Hintertreppe der Engel,
Wortstücke und Notizen.
Verlag Nagel & Kimche AG, Zürich 1996

Tischgemeinschaft

092 Wie dieses gebrochene Brot

Wie dieses gebrochene Brot,
einst zerstreut auf den Bergen,
gesammelt wurde,
um ein einziges Brot zu werden,
so sammle auch deine Kirche
von den Enden der Erde
in dein Reich.

Zwölfapostellehre
Aus: Gebetsschatz der Kirche

Tischgemeinschaft

093 An Gottes Tisch

Die Spaltung unserer Welt in
Starke und Schwache,
Betitelte und Namenlose,
Wohlhabende und Nichtshabende,
Regierende und Regierte,
Kopfarbeitende und Handarbeitende,
Vornehme und Einfache,
Glückskinder und Pechvögel
an Gottes Tisch soll sie zu Ende sein,
endlich einmal keine Rolle mehr spielen,
wenigstens für die Zeit der Tischgemeinschaft.

Aus: Vater unser. Ein biblisches Brevier. Evangelische Haupt-
Bibelgesellschaft und von Cansteinsche Bibelanstalt, Berlin,
3., bearbeitete Auflage 1995

Segnen

094 **Wunsch**

Wunsch:
Dass Gott
ein Tätigkeitswort werde

Kurt Marti
Werkauswahl in fünf Bänden,
Aus: Unter der Hintertreppe der Engel,
Wortstücke und Notizen.
Verlag Nagel & Kimche AG, Zürich 1996

Ermutigung

095 **Du bist ein Gott der Lebenden**

Ich wohne
im Land des Habens
im Land der Blindheit
im Land des Egoismus
im Land des Hasses
im Land der Unfreiheit
im Land des Todes

auf dein Wort hin
will ich
den Aufbruch wagen
und in das Land ziehen
das du mir verheissen hast

Land des Lebens
will ich es nennen

Andrea Schwarz
Aus: Bunter Faden Zärtlichkeit,
Verlag Herder, Freiburg 14 2000

Ermutigung

096 **Jung sein wie du, Gott**

Jung sein wie du, Gott
und alle Tage neu
Beweglich sein wie du, Gott
und immer da
Neu sein wie du, Gott
und voller Überraschungen
Ja, Gott,
so möchte ich sein!

Anton Rotzetter
Aus: Gott, der mich atmen lässt. Verlag
Herder, Freiburg 16 2001

Ermutigung

097 **Werkzeug des Friedens**

Herr, mache mich zu einem Werkzeug deines Friedens,
dass ich liebe, wo man hasst;
dass ich verzeihe, wo man beleidigt;
dass ich verbinde, wo Streit ist;
dass ich die Wahrheit sage, wo Irrtum ist;
dass ich Glauben bringe, wo Zweifel droht;
dass ich Hoffnung wecke, wo Verzweiflung quält;
dass ich Licht entzünde, wo Finsternis regiert;
dass ich Freude bringe, wo der Kummer wohnt.
Herr, lass mich trachten,
nicht, dass ich getröstet werde, sondern dass ich tröste;
nicht, dass ich verstanden werde, sondern dass ich verstehe;
nicht, dass ich geliebt werde, sondern dass ich liebe.
Denn wer sich hingibt, der empfängt;
wer sich selbst vergisst, der findet;
wer verzeiht, dem wird verziehen;
und wer stirbt, der erwacht zum ewigen Leben.

Franziskanische Tradition

Ermutigung

098 Unterwegs

Ewiger Gott,
du bist die Quelle,
der unser Leben entstammt –
du bist das Meer,
das uns wieder aufnimmt –
dazwischen liegt der Weg,
auf dem wir zu dir
unterwegs sind.
Komm uns entgegen,
zieh uns zu dir –
heute und alle Tage unseres
Lebens.

Aus: Spuren, Verband der katholischen Pfadfinder

Segen

099 Irischer Segensspruch

Der Herr segne Dich.
Er erfülle Dein Herz mit Ruhe und Wärme,
Deinen Verstand mit Weisheit,
Deine Augen mit Klarheit und Lachen,
Deine Ohren mit wohltuender Musik,
Deinen Mund mit Fröhlichkeit,
Deine Nase mit Wohlgeruch,
Deine Hände mit Zärtlichkeit,
Deine Arme mit Kraft,
Deine Beine mit Schwung,
Deine Füsse mit Tanz,
Deinen ganzen Leib mit Wohlbefinden.
So lasse der Herr
alle Zeit seinen Segen auf Dir ruhen.
Er möge Dich geleiten und beschützen,
Dir Freude schenken Dein Leben lang.
Dir Mut zusprechen in schweren Zeiten.

Heinz Pangels (nach einem alten irischen Segensspruch)
Aus: Vertrauter Umgang mit Gott.
Verlag Haag + Herchen, Frankfurt a. M. 1996

Segen

100 Ich wünsche jedem Menschen

Ich wünsche
jedem Menschen
dass er sagen kann:
du, halt mich fest
eine Minute nur
ich brauch dich jetzt

und ich wünsche
jedem Menschen
einen anderen Menschen
der das dann auch
ganz einfach tut

Andrea Schwarz
Aus: Bunter Faden Zärtlichkeit.
Verlag Herder, Freiburg ¹⁴2000

Segen

101 Segensgebet

Gott sei vor dir,
um dir den rechten Weg zu zeigen.

Gott sei neben dir,
um dich in die Arme zu schliessen
und dich zu schützen.

Gott sei hinter dir,
um Dich zu bewahren
vor der Heimtücke böser Menschen.

Gott sei unter dir,
um dich aufzufangen, wenn du fällst,
und dich aus der Schlinge zu ziehen.

Gott sei in dir,
um dich zu trösten,
wenn du traurig bist.

Gott sei um dich herum,
um dich zu verteidigen,
wenn andere über dich herfallen.

Gott sei über dir,
um dich zu segnen.
So segne dich der gütige Gott.

Aus: Jutta Schnitzler-Forster (Hrsg.): ... und plötzlich riecht's nach Himmel. Religiöse Erlebnisräume auf Freizeiten und in Gruppen, Schwabenverlag, Ostfildern ⁴1999

102 Wir haben Gottes Spuren festgestellt

Ps 46,8.12; 77,14;
104,1; Jes 40,28

Dm | Gm | C

1. Wir ha - ben Got - tes Spu - ren fest - ge - stellt
2. Blü - hen - de Bäu - me ha - ben wir ge - sehn,
3. Bett - ler und Lah - me sa - hen wir beim Tanz,

Dm | Bb | F

auf un - sern Men - schen - stras - sen,
wo nie - mand sie ver - mu - tet,
hör - ten, wie Stum - me spra - chen,

Gm | F | Dm

Lie - be und Wär - me in der kal - ten Welt,
Skla - ven, die durch das Was - ser gehn,
durch to - te Fens - ter - höh - len kam ein Glanz,

Am | Bb | C

Hoff - nung, die wir fast ver - gas - sen.
das die Her - ren ü - ber - flu - tet.
Strah - len, die die Nacht durch - bra - chen.

Refrain

F | Gm | C

Zei - chen und Wun - der sa - hen wir ge - schehn

F | Dm | C | F

in längst ver - gang - nen Ta - gen,

Dm | Bb | C | F

Gott wird auch uns - re We - ge____ gehn,

Gm | A | G | Dm

uns durch das Le - ben tra - gen.

Text: Diethard Zils / Melodie: Jo Akepsimas / Rechte Text: tvd-Verlag, Düsseldorf; Rechte Melodie: Edition Musicales, Paris

Tob 5,4f.

Es müssen nicht Männer mit Flügeln sein 103

1. Es müs - sen nicht Män - ner mit Flü - geln— sein, die En - gel, die En - gel. Sie ge - hen lei - se, sie müs - sen nicht schrein, die En - gel, die En - gel. Oft— sind sie— alt und— häss - lich und klein, die En - gel, die En - gel. Oft— sind sie— alt und— häss - lich und klein, die En - gel, die En - gel.

2. Sie ha - ben kein Schwert, kein— weis - ses Ge - wand, die En - gel, die En - gel. Viel - leicht ist ei - ner, der gibt dir die Hand, der En - gel, der En - gel; o - der er wohnt— ne - ben— dir Wand an Wand, der En - gel, der En - gel, o - der er wohnt— ne - ben— dir Wand an Wand, der En - gel, der En - gel.

3. Dem Hun - gern - den hat er das Brot ge - bracht, der En - gel, der En - gel. Dem Kran - ken hat er das Bett ge - macht, der En - gel, der En - gel. Er— hört, wenn— du ihn— rufst in der Nacht, der En - gel, der En - gel. Er— hört, wenn— du ihn— rufst in der Nacht, der En - gel, der En - gel.

4. Er steht im— Weg und— er sagt:— Nein, der En - gel, der En - gel, gross wie ein Pfahl und— hart wie ein Stein, der En - gel, der En - gel. Es— müs - sen nicht Män - ner mit Flü - geln— sein, die En - gel, die En - gel. Es— müs - sen nicht Män - ner mit Flü - geln— sein, die En - gel, die En - gel.

Text: Rudolf Otto Wiemer / Melodie: Detlev Jöcker / Rechte: Menschenkinder Verlag, Münster

Hinweis: I und II können in Gruppen gesungen werden.

104 Hände, die schenken

Lk 6,35.38f.; 2 Kor 8,9f.

1. Hän - de, die schen - ken, er - zäh - len von Gott. Sie
2. Wor - te, die hei - len, er - zäh - len von Gott. Sie
3. Au - gen, die se - hen, er - zäh - len von Gott. Sie
4. Lip - pen, die seg - nen, er - zäh - len von Gott. Sie

sa - gen, dass er mich er - hält.
sa - gen, dass er zu mir steht.
sa - gen, dass er auf mich schaut.
sa - gen, dass er mich er - wählt.

Hän - de, die schen - ken, er - schaf - fen mich neu,
Wor - te, die hei - len, be - frei - en mich heut,
Au - gen die se - hen, sie öff - nen die Tür,
Lip - pen, die seg - nen, sind Freun - de für mich,

sie sind der Trost die - ser Welt.
sie sind das Licht die - ser Welt.
sie sind die Hoff - nung der Welt.
sie sind die Zu - kunft der Welt.

Text: Claus-Peter März / Melodie: Kurt Grahl / Rechte Text und Melodie: beim Urheber

Mt 5,14f. ## Wenn wir denn wirklich das Salz der Erde sind 105

1.–3. Wenn wir denn wirk - lich das Salz der Er - de sind,

wenn wir denn wirk - lich das Salz der Er - de sind,

— dann müs-sen wir sal - zen
1. uns - re ZEIT mit
2. un - ser WORT mit
3. un - ser TUN mit

Hoff-nung und Mut und fröh - li - chem Frie - den, und
Schär - fe und Witz und tap - fe - rer Wahr-heit, und
Schwung und mit Lust und trot - zi - ger Lie - be, und

fröh - li - chem Frie - den.
tap - fe - rer Wahr - heit.
trot - zi - ger Lie - be.

1.–3. Salz der Er - de, Salz der Er - de.

Salz!

Text: Kurt Rose / Melodie: Wolfgang Teichmann / Rechte: Strube Verlag GmbH, München-Berlin

106 Ich lobe meinen Gott

Ps 9,2–3

Ich lo-be mei-nen Gott von gan - zem___ Her-zen, und
Je loue-rai l'E - ter - nel de tout mon___ cœur,___ je

ich will er-zäh - len von all sei-nen Wun-dern und sin-gen sei-nem Na - men.
ra - con-te-rai___ tou - tes tes mer-veil - les, je chan-te - rai ton nom.___

Ich lo-be mei-nen Gott von gan - zem___ Her-zen, ich
Je loue-rai l'E - ter - nel de tout mon___ cœur,___ je

freu - e mich und bin fröh-lich, Herr, in dir. Hal-le - lu - ja!
fe - rai de toi___ le su - jet de ma joie. Al-lé - lu - ja!

Italienisch Ti loderò, Signor, con tutto il mio cuor.
Racconterò le tue meraviglie
e canterò il tuo nome.
Ti loderò, Signor, con tutto il mio cuor.
Farò di te la sola mia gioia. Alleluja!

Romanisch Eu vögl lodar a Dieu da tuot meis cuor
e vögl far palais tuot tas müravaglias
e dechantar teis nom.
Eu vögl lodar a Dieu da tuot meis cour
e vögl güvlar da dalet, star alleger. Alleluja!

Text: nach Psalm 9, 2 – 3; Gitta Leuschner / Melodie: Claude Fraysse / Satz: Alain Bergése / Rechte: Hänssler
Verlag, Holzgerlingen

Mt 5,14f.

Salz in der Suppe 107

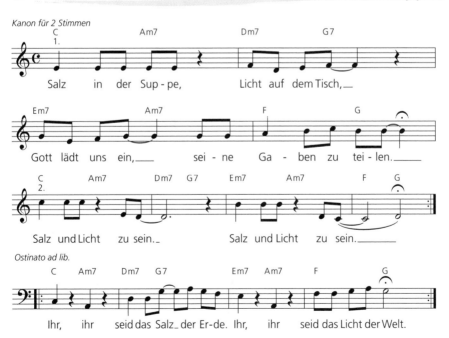

Text: Susanne Brandt-Köhn / Melodie: Winfried Heurich / Rechte: Strube Verlag GmbH, München-Berlin

108 Mache dich auf und werde Licht

Jes 60,1

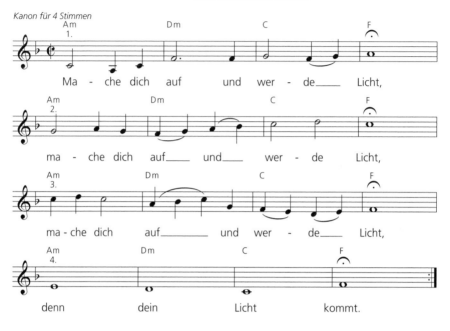

Ma - che dich auf und wer - de___ Licht,

ma - che dich auf___ und___ wer - de Licht,

ma - che dich auf___ und wer - de___ Licht,

denn dein Licht kommt.

Text: Jesaja 60,1 / Melodie: Markus Jenny / Rechte Text: frei; Rechte Melodie: Theologischer Verlag, Zürich

109 Mache dich auf und werde Licht

Jes 60,1

Ma-che dich auf und wer-de Licht! Ma-che dich auf und wer-de Licht!

Ma - che dich auf__ und__ wer - de Licht, denn dein Licht kommt.

Text: Jesaja 60,1 / Melodie: Kommunität Gnadental / Rechte Text: frei; Rechte Melodie: Präsenz-Verlag, Gnadental

Dan 57–82

Laudato si, mi Signore 110

1. Lau - da - to si, mi Sig-no - re, per Fra - te So - le,
2. Lau - da - to si, mi Sig-no - re, quel - lo che por-ta la
3. Lau - da - to si, mi Sig-no - re, per so - ra mor - te
4. Lau - da - te et be - ne - di - te, rin - gra - tia - te

So - ra Lu - na, Fra - te Ven-to, il cie - lo e le stel - le,
tu - a pa - ce e sap - ra per - do - na - re per
cor - po - ra - le, dal - la qua - le ho - mo vi-ven - te
et ser - vi - te, il Si - gno - re in hu-mil-tà

per So - ra Ac - qua, Fra - te Fo - cu.
il tuo a - mo - re sa - pra a - ma - re.
non po - trà mai, mai scap - pa - re!
rin - gra - ti - a - te et ser - vi - te.

Refrain

Lau - da - to si, Sig - no - re, per la Ter - ra e le tue cre-a-tu - re.

Lau - da - to si, Sig - no - re, per la Ter - ra e le tue cre-a-tu - re.

Text: Sonnengesang des Hl. Franziskus v. Assisi / Musik: Jaca Book, Milano

Übersetzung

1 Gelobt seist du, Gott, für Schwester Sonne und Bruder Mond, für Bruder Wind,
   den Himmel und die Sterne, für Schwester Wasser und Bruder Feuer.
2 Gelobt seist du, Gott: wer immer deinen Frieden in sich trägt und um deiner Liebe willen
   vergeben kann, wird auch lieben können.
3 Gelobt seist du, Gott, für Bruder Tod, dem kein lebender Mensch entrinnen kann.
4 Lobet und betet ihn an, danket und dienet ihm in Bescheidenheit.
Rfr Gelobt seist du, Gott, für die Erde und ihre Geschöpfe.

111 Morning has broken

Ps 57,9; 104; 108,3f.; 148

1. Morn-ing has bro - ken like the first morn - ing.
2. Sweet the rain's new fall, sun - lit from heav - en,
3. Mine is the sun - light, mine is the morn - ing,

Black-bird has spo - ken like the first bird._____
like the first dew - fall on the first grass._____
born of the one light E - den saw play._____

Praise for the sing - ing, praise for the morn - ing,
Praise for the sweet - ness of the wet gar - den,
Praise with e - la - tion, praise ev' - ry morn - ing

praise for them, spring - ing fresh from the Word._____
sprung in com - plete - ness where his feet pass._____
God's re - cre - a - tion of the new day._____

Übersetzung (singbar)

1 Morgenlicht leuchtet, rein wie am Anfang. Frühlied der Amsel, Schöpferlob klingt.
Dank für die Lieder, Dank für den Morgen, Dank für das Wort, dem beides entspringt.
2 Sanft fallen Tropfen, sonnendurchleuchtet. So lag auf erstem Gras erster Tau.
Dank für die Spuren Gottes im Garten, grünende Frische, vollkommnes Blau.
3 Mein ist die Sonne, mein ist der Morgen, Glanz, der zu mir aus Eden aufbricht!
Dank überschwänglich, Dank Gott am Morgen! Wiedererschaffen grüsst uns sein Licht.

Text: Eleanor Farjeon; Text deutsch: Jürgen Henkys / Melodie: aus England / Rechte Text: beim Urheber; Rechte
Text deutsch: Strube Verlag GmbH, München-Berlin; Rechte Melodie: frei

1 Kön 19,11

Nicht im Sturm 112

Kanon für 2 Stimmen

Nicht im Sturm, nicht im Be - ben,

klatschen

nicht im Feu - er, nicht im

Feu - - - - - er, doch im Stil - len,

im sanf - ten Säu - seln kommt Gott,

kommt_____ Gott._____

Text: Eugen Eckert / Melodie: Alejandro Veciana / Rechte: Strube Verlag GmbH, München-Berlin

113 **Kennst du das alte Lied**

Mk 4,14; 15,32; 20,34; Joh 14,6

1. Kennst du das al - te Lied? Man singt es seit lan - ger
2. Oft steht die Welt in Brand, und Blut färbt das Was - ser
3. Je - sus von Na - za - reth, er leb - te in Zu - ver -

Zeit, singt es von Lie - be, Freud und Leid
rot, steht doch ein Kreuz in je - dem Land,
sicht, weil er der Lie - be und dem Licht

und von der E - wig - keit.___ Men-schen sind un - ter -
ü - ber - all herrscht der Tod.___ Hass, der kein En - de
Kraft wie-der - ge - ben wollt.___ Er zeig-te uns den

Text 1: Gesto Bergen; Text 2: Diethard Zils / Melodie: jüdische Volksweise / Satz: Roberto Confucio / Rechte Text 1: beim Urheber; Rechte Text 2: tvd-Verlag, Düsseldorf; Rechte Melodie: frei; Rechte Satz: Strube Verlag GmbH, München-Berlin

114 Um Himmelswillen

Ps 115,16; Joh 1,14; 3,16

Kanon für 4 Stimmen

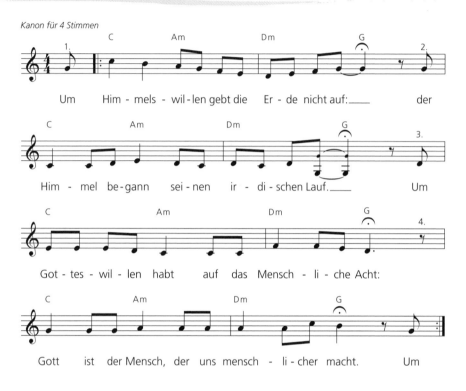

Um Him - mels - wil - len gebt die Er - de nicht auf:___ der

Him - mel be - gann sei - nen ir - di - schen Lauf.___ Um

Got - tes - wil - len habt auf das Mensch - li - che Acht:

Gott ist der Mensch, der uns mensch - li - cher macht. Um

Text und Melodie: Siegfried Macht / Rechte: Don Bosco Verlag, München

Ps 23; Lk 24,15f.; Mt 28,20 ## Ich möcht, dass einer mit mir geht 115

1. Ich möcht, dass ei - ner mit___ mir geht,
2. Ich wart, dass ei - ner mit___ mir geht,
3. Es heisst, dass ei - ner mit___ mir geht,
4. Sie nen - nen ihn den Her - - - ren Christ,

der's Le - ben kennt, der mich___ ver -
der auch im Schwe - ren zu___ mir
der's Le - ben kennt, der mich___ ver -
der durch den Tod ge - gan - - - gen

steht, der mich zu al - len
steht, der in den dunk - len
steht, der mich zu al - len
ist, er will durch Leid und

Zei - ten kann___ ge - lei - ten. Ich
Stun - den mir___ ver - bun - den. Ich
Zei - ten kann___ ge - lei - ten. Es
Freu - den mich___ ge - lei - ten. Ich

möcht, dass ei - ner mit___ mir geht.___
wart, dass ei - ner mit___ mir geht.___
heisst, dass ei - ner mit___ mir geht.___
möcht, dass er auch mit___ mir geht.___

Text und Melodie: Hanns Köbler / Rechte: Gustav Bosse Verlag, Kassel

116 Selig seid ihr

Mt 5,2f.

1. Se - lig seid ihr, wenn ihr ein-fach lebt.
2. Se - lig seid ihr, wenn ihr lie - ben lernt.
4. Se - lig seid ihr, wenn ihr Frie-den macht.

Se - lig seid ihr, wenn ihr Las - ten tragt.
Se - lig seid ihr, wenn ihr Gü - te wagt.
Se - lig seid ihr, wenn ihr Un-recht spürt.

3. Se - lig seid ihr, wenn ihr Lei - den merkt.

Se - lig seid ihr, wenn ihr ehr - lich bleibt.

5. Selig seid ihr, wenn ihr Wunden heilt,
   Trauer und Trost miteinander teilt.

6. Selig seid ihr, wenn ihr Krüge füllt,
   Hunger und Durst füreinander stillt.

7. Selig seid ihr, wenn ihr Fesseln sprengt,
   arglos und gut voneinander denkt.

8. Selig seid ihr, wenn ihr Schuld verzeiht,
   Stütze und Halt aneinander seid.

Text: Friedrich Karl Barth, Peter Horst / Musik: Peter Janssens / aus: Uns allen blüht der Tod, 1979 / Rechte: Peter Janssens Musik Verlag, Telgte-Westfalen

1 Sam 2,1f.; Lk 1,46 – 55   **Gross sein lässt meine Seele**   117

Kehrvers

Gross sein lässt mei - ne See - le den Herrn,_____

denn er ist mein Ret - ter. Gross sein lässt mei - ne

See - le den Herrn,_____ denn er ist mein Heil.

Strophen

1. Laut rühmt mei - ne See - le Got - tes Macht und Herr-lich-keit,
   denn Sein Au - ge hat ge-schaut auf sei - ne klei - ne Magd,

und mein Geist froh-lockt in mei - nem Ret - ter und Herrn,_____
und nun sin - gen al - le Völ - ker mit mir im Chor._____ *Kv*

2. Denn der Starke hat Gewaltiges an mir getan und sein Name leuchtet auf in
herrlichem Glanz. Er giesst sein Erbarmen aus durch alle Erdenzeit über jeden,
der im Herzen Vater ihn nennt. *Kv*

3. Grosse Taten führt er aus mit seinem starken Arm. Menschen voller Stolz und
Hochmut treibt er davon. Die, die Macht missbrauchen, stösst er hart von ihrem
Thron und erhebt, die niedrig sind und arm in der Welt. *Kv*

4. Hungernde lädt er zum Mahle ein an seinen Tisch, doch mit leeren Händen
schickt er Reiche nach Haus. Seines Volkes Israel nimmt gütig er sich an, wie er
Abraham und allen Vätern verhiess. *Kv*

5. Ehre sei dem Vater, der uns einlädt in sein Reich, Ehre sei dem Sohne, der die
Liebe uns zeigt. Ehre sei dem Geiste, der die Einheit uns verleiht, wie im Anfang,
so auch jetzt und für alle Zeit! *Kv*

Text: nach Lk 1,46 – 55 / Melodie: Bruder Samuel Schraufstetter / Rechte Text: frei; Rechte Melodie: beim Urheber

118 Siku rin gwana

Joh 12,15; 19,15f.; Offb 17,14; 19,16

Kehrvers

Si - ku rin gwa-na Ho - si Ye - su a - ta vu - ya.___

Strophen

1. Si - ku rin gwa-na Ho - si Ye - su a - ta - vu - ya.___ Kv

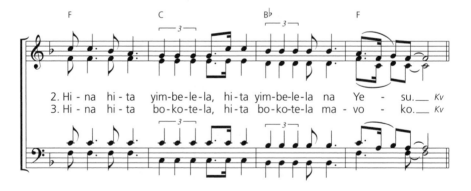

2. Hi - na hi - ta yim-be-le-la, hi-ta yim-be-le-la na Ye - su.___ Kv
3. Hi - na hi - ta bo-ko-te-la, hi-ta bo-ko-te-la ma - vo - ko.___ Kv

Text und Satz: aus Shangaan / Rechte: frei

Übersetzung

1 Eines Tages wird Jesus als König kommen.
2 Wir werden mit Jesus singen.
3 Wir werden in die Hände klatschen.

Mk 4,30f.

Kleines Senfkorn Hoffnung 119

1. Klei - nes Senf-korn Hoff-nung, __ mir um-sonst ge - schenkt:
2. Klei - ner Fun - ke Hoff-nung, __ mir um-sonst ge - schenkt:
3. Klei - ne Mün - ze Hoff-nung, __ mir um-sonst ge - schenkt:
4. Klei - ne Trä - ne Hoff-nung, __ mir um-sonst ge - schenkt:
5. Klei - nes Sand-korn Hoff-nung, __ mir um-sonst ge - schenkt:

wer - de ich dich pflan-zen, dass du wei - ter wächst,
wer - de ich dich näh-ren, dass du ü - ber - springst,
wer - de ich dich tei - len, dass du Zin - sen trägst,
wer - de ich dich wei-nen, dass dich je - der sieht,
wer - de ich dich streu-en, dass du manch-mal bremst,

dass du wirst zum Bau - me, __ der uns Schat-ten __ wirft,
dass du wirst zur Flam - me, __ die uns leuch-ten __ kann.
dass du wirst zur Ga - be, __ die uns le - ben __ lässt,
dass du wirst zur Trau - er, __ die uns han-deln __ macht,
dass du wirst zum Grun - de, __ der uns hal - ten __ lässt.

Früch - te trägt für al - le, al - le, die in Ängs-ten __ sind.
Feu - er schlägt in al - len, al - len, die im Fins - tern __ sind.
Reich - tum selbst für al - le, al - le, die in Ar - mut __ sind.
lei - den lässt mit al - len, al - len, die in Nö - ten __ sind.
Neu - es wird mit al - len, al - len, die in Zwän-gen __ sind.

Text: Alois Albrecht / Melodie: Ludger Edelkötter / Rechte: KiMu Kinder Musik Verlag GmbH, Velbert

120 He's got the whole world

Ps 63,9; Jes 49,14 – 16; Joh 10,28

1. He's got the whole_____ world_____
2. He's got the litt - le pret - ty ba - by
3. He's got_____ you and me_____ bro - ther,
4. He's got_____ ev' - ry - bo - dy more_____

in his hand, he's got the whole,__ whole__ world__
in his hand, he's got the litt - le pret - ty ba - by
in his hand, he's got_____ you and me_____ bro - ther,
in his hand, he's got_____ ev' - ry - bo - dy more_____

in his hand, he's got the whole_____ world_____
in his hand, he's got the litt - le pret - ty ba - by
in his hand, he's got_____ you and me_____ bro - ther,
in his hand, he's got_____ ev' - ry - bo - dy more_____

in his hand, he's got the whole world in his hand.

Text und Melodie: überliefert / Rechte: frei

Übersetzung

Er hält die ganze Welt in seiner Hand / das kleine hübsche Baby / auch dich und mich, Bruder / auch jeden anderen.

Hinweis: «Rock my soul» und «He's got the whole world» können als Quodlibet gleichzeitig gesungen werden. Tonart anpassen.

121 Rock my soul

Jes 66,13; Lk 16,22

Kanon für 3 Stimmen

Rock my soul in the bo - som of A - bra - ham, rock my soul in the

Text original und Melodie: aus den USA; Text und Satz Kanon: Erno Seifriz / Satz: Robert Fricker / Rechte Text, Melodie und Satz Kanon: frei; Rechte Satz: Verlag Schweizer Singbuch Oberstufe

Übersetzung

Wiege meine Seele im Schoss Abrahams. Gottes Liebe ist so hoch, dass ich nicht darüber hinweg steigen kann. Sie ist so tief, dass ich nicht darunter hindurch kann. Sie ist so weit, dass ich sie nicht umgehen kann.

122 Die Sache Jesu

Jes 11,1f.; Jes 65,11.24; Eph 2,14

Kehrvers

Gm(Em)

Die Sa - che Je - su braucht Be - geis - ter - te.

F(D)   Gm(Em)

Sein Geist sucht sie auch un - ter uns. Er macht uns

A7(F♯)   D7(H7)   Gm(Em) D7(H7)

frei, da - mit wir ei - nan - der be - frein.

Strophen

Gm(Em)   F(D)

1. Wer fried - los ist, wer Hass im Her - zen trägt,__

Gm(Em)   A7(F♯) D7(H7) Gm(Em) D7(H7)

wer ent - zweit__ lebt, wer be - freit sie zum Frie - den?   *Kv*

Gm(Em)   F(D)

2. Wer ver - zwei - felt ist,__ wer ver - bit - tert klagt,__

Gm(Em)   A7(F♯) D7(H7) Gm(Em) D7(H7)

wer ent - frem - det lebt, wer be - freit sie zur Hoff - nung?   *Kv*

Gm(Em)   F(D)

3. Wo Fron - ten sind, wo Gren - zen tren - nen,

Gm(Em)   A7(F♯) D7(H7) Gm(Em) D7(H7)

wo Mau - ern stehn, wer be - freit sie zum Ge - spräch?   *Kv*

4. Wo Schrei - e sind, wo Hun-ger herrscht, wo E-lend haust, wer be - freit uns zur Ge - rech-tig-keit? *Kv*

5. Wo Krie - ge sind, wo Schüs-se fal - len, wo Ge-fan-ge-ne lei-den, wer be-freit uns zum Le - ben? *Kv*

Text: Alois Albrecht / Melodie: Peter Janssens / aus: Wir haben einen Traum, 1972 / Rechte: Peter Janssens Musik Verlag, Telgte-Westfalen

Mt 5,13f.; Mk 9,50; Lk 14,3f. # Ihr, ihr, ihr seid das Salz der Erde 123

Ihr, ihr, ihr___ seid das Salz der Er - de. Ihr seid das Salz, ihr seid das Salz der Er - de.___ Ihr,___ ihr,___ ihr.

Wenn die ersten beiden Noten ausgehalten werden, erklingt im 3. Takt das «ihr» als 3-stimmiger Akkord.

Text: Matthäus 5,13a / Melodie: Burkhard Jungcurt / Rechte Text: frei / Rechte Melodie: beim Urheber

124 Gimme that old time religion

Ps 125; 2 Tim 1,3f.

Kehrvers

Old time re - li - gion, ___

Gim - me that old time re - li - gion, ___ gim - me that

old time re - li - gion, ___ old time re -

old time re - li - gion, ___ gim - me that old time re -

li - gion, ___ it's good e - nough for ___ me!

li - gion, ___ it's good e - nough for ___ me!

Strophen

1. It was good for old Mo - ses, ___ it was
2. It was good for old Jo - sh'a, ___ it was

good for ol' Mo - ses, ___ it was good for ol'
good for ol' Jo - sh'a, ___ it was good for ol'

Mo - ses ___ and it's good e - nough for ___ me! *Kv*
Jo - sh'a ___ and it's good e - nough for ___ me! *Kv*

Text: überliefert / Melodie: überliefert / Satz: Johann Beichel / Rechte Satz: beim Urheber

Übersetzung
Gib mir die Religion von einst, die ist gut genug für mich!
Sie war gut für Moses, sie war gut für Joshua, dann ist sie auch gut für mich.

125 Halte deine Träume fest

1 Kor 13,1f.; Gal 5,1.13; Phil 3,5

1. Hal - te dei - ne Träu - me fest,___ ler - ne sie zu le - ben.___
2. Hal - te dei - ne Frei - heit fest,___ ler - ne sie zu le - ben.___
3. Hal - te dei - ne Lie - be fest,___ ler - ne sie zu le - ben.___

Ge - gen zu viel Si - cher - heit,___ ge - gen Aus - weg -
Fürch - te dich vor kei - nem Streit,___ fin - de zur Ver -
Brich mit ihr die Ein - sam - keit,___ ü - be Men - schen -

1. ge - gen Aus - weg -
2. fin - de zur Ver -
3. ü - be Men - schen -

1. Hal - te dei - ne Träu - me fest.
2. Hal - te dei - ne Frei - heit fest.
3. Hal - te dei - ne Lie - be fest.

lo - sig - keit:___ Hal - te dei - ne Träu - me fest.
söh - nung Zeit:___ Hal - te dei - ne Frei - heit fest.
freund - lich - keit:___ Hal - te dei - ne Lie - be fest.

lo - sig - keit: Hal - te dei - ne Träu - me fest.
söh - nung Zeit: Hal - te dei - ne Frei - heit fest.
freund - lich - keit: Hal - te dei - ne Lie - be fest.

Text: Eugen Eckert / Melodie und Satz: Jürgen Kandziora / Rechte: Studio Union im Lahn Verlag, Kevelaer

Ps 96; 98; Offb 5,9

Cantai ao Senhor 126

```
        Em                           Em/D              C♯o
1. Can - tai   ao  Se - nhor    um   cân - ti - co    no - vo, can -
2. Por - que   e - le   fez,    ele  faz  ma - ra  -  vil - has, por -
3. Singt Gott, un - serm Herrn, singt ihm  neu - e    Lie - der, singt
4. Denn  Wun - der tat  Gott,   er   tut  sie noch    im - mer, denn

        Co                H7                H7/F♯            Em
   tai   ao  Se - nhor    um   cân - ti - co    no - vo, can -
   que   e - le   fez,    ele  faz  ma - ra  -  vil - has, por -
   Gott, un - serm Herrn, singt ihm  neu - e    Lie - der, singt
   Wun - der tat  Gott,   er   tut  sie noch    im - mer, denn

        Em            Em/D          E/H             C6
   tai   ao  Se - nhor    um   cân - ti - co    no - vo, can -
   que   e - le   fez,    ele  faz  ma - ra  -  vil - has, can -
   Gott, un - serm Herrn, singt ihm  neu - e    Lie - der! Singt
   Wun - der tat  Gott,   er   tut  sie noch    im - mer. Singt

        Am7           Em7           H7              Em
   tai   ao  Se - nhor,    can - tai   ao  Se - nhor.
   tai   ao  Se - nhor,    can - tai   ao  Se - nhor.
   Gott, un - serm Herrn,  singt Gott, un - serm Herrn!
   Gott, un - serm Herrn,  singt Gott, un - serm Herrn!
```

Melodie und Text: aus Brasilien; Text deutsch: Dorival Ristoff, Dieter Trautwein / Rechte Text und Melodie: frei;
Rechte Text deutsch: Strube Verlag GmbH, München-Berlin

127 Amen – See the baby

Lk 2,1f.

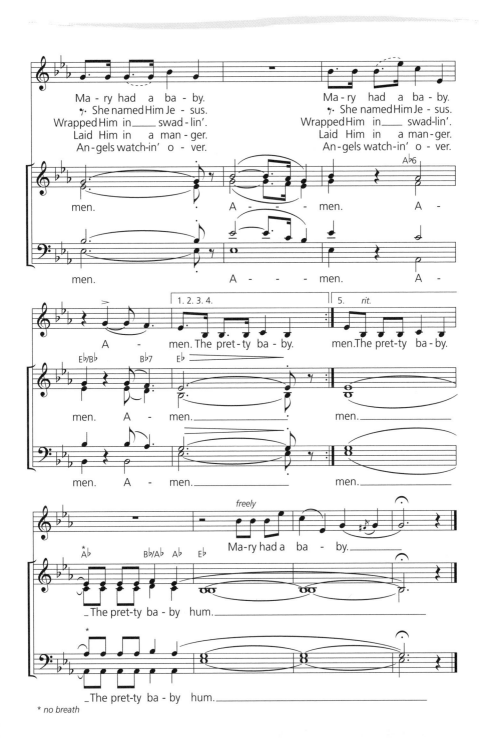

* no breath

6. See the baby. Lying in a manger. One Christmas morning.

7. See Him in the temple. Talking to the Elders. How they marvelled at His wisdom.

8. See Him at the seaside. Preaching and healing. To the blind and the feeble.

9. See Him in the garden. Praying to His father. In deepest sorrow.

10. Yes, He is my saviour. Jesus died to save us. And he rose on Easter.

11. Hallelujah! In the Kingdom. With my Saviour.

Text und Melodie: Gospel USA / Satz: Norman Luboff / Rechte Text und Melodie: frei; Rechte Satz: Walton Music Corporation, New York

Übersetzung

1 Maria hatte ein kleines, hübsches Kind.

2 Sie nannte es Jesus,

3 wickelte es in Windeln

4 und legte es in eine Krippe.

5 Dabei wachten Engel über die beiden.

6 Schau, das Baby. Es liegt eines schönen Weihnachtsmorgens in der Krippe.

7 Seht ihn im Tempel! Er redet zu den Ältesten. Wie die über seine Weisheit staunen!

8 Seht ihn am Ufer: Er predigt und heilt die Blinden und Gebrechlichen.

9 Siehst du ihn im Garten? Er betet zum Vater in tiefster Sorge.

10 Er ist mein Erlöser. Jesus starb, um uns zu retten. Und er stand an Ostern wieder von den Toten auf.

11 Halleluja! Im Reich Gottes mit meinem Erlöser.

128 Bridge over troubled water

Offb 7,17; 21,3; Jes 66,11f.; Jes 43,2

1. When you're wea - ry,_____ feel - in'____ small,
down and out,____ when you're on the street,
(Stichnoten) Sil-ver girl,_____ sail on by,

when tears are in your eyes,____ I'll dry them_ all;
when eve-ning falls so hard____ I will com-fort_ you.
your time has come to shine.____ All your dreams are on their_ way.

I'm on your side._____ Oh,____ when times³ get
I'll take your part._____ Oh,____ when dark - ness
See how they shine._____ Oh,_____ if you

rough_____ and friends just can't be found,
comes_____ and pain is all a - round,
need a friend I'm sai - ling right be - hind.

__ Like a bridge o - ver trou-bled wa - ter I will lay me

down. Like a bridge o - ver trou-bled wa - ter I will lay me

down. 2. When you're

troub-led wa - ter I will lay me down._____

3. Sail on

bridge o - ver trou-bled wa - ter I will ease your mind.___ Like a

bridge o - ver trou - bled wa - ter I will ease your mind._____

_ Oh_____ Text und Melodie: Paul Simon / Rechte: Paul Simon (BMI), used by Music Sales Corporation (ASCAP).

Übersetzung

Wenn's dir dreckig geht und du bist down, dann werde ich für dich da sein wie eine Brücke über einen reissenden Fluss. Flieg los, Mädchen, deine Träume sind auf dem Weg und wenn du einen Freund brauchst, dann flieg ich mit.

129 I have a dream

Gen 28,12; Tob 5,4f.; Mt 13,49

1. I have a dream,_____ a song to sing,_____ to help me
2. I have a dream,_____ a fan - ta - sy,_____ to help me
3. wie 1.

cope_____ with a - ny - thing._____
through_____ re - a - li - ty._____

_ If you see the won - der_____ of a fai - ry
_ And my des - ti - na - tion_____ makes it worth the

tale,_____ you can take the fu - ture_____
while_____ push - ing through the dark - ness_____

_ e - ven if you fail._____ I be - lieve in an - gels,_____
_ still an - o - ther mile._____ I be - lieve in an - gels,_____

_ some - thing good in ev - ery - thing I see. I be - lieve in
_ some - thing good in ev - ery - thing I see. I be - lieve in

an - gels,_____ when I know the time is right for
an - gels,_____ when I know the time is right for

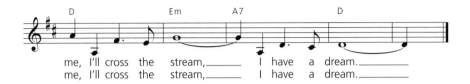

```
      D                    Em           A7              D
```

me, I'll cross the stream,_____ I have a dream._____
me, I'll cross the stream,_____ I have a dream._____

Text und Melodie: Benny Andersson, Björn Kristian Ulvaeus / Rechte: Union Songs AB/Sweden Music AG, Polgram Songs Musikverlag GmbH, Hamburg

Übersetzung

1 Ich habe einen Traum, ein Lied, das ich singe, welches mir hilft, alles zu bewältigen. Wenn du die Wunder in Geschichten siehst, kannst du die Zukunft meistern, auch wenn du versagst. Ich glaube an Engel, irgendetwas Gutes in allem, was ich sehe. Ich glaube an Engel. Wenn ich weiss, dass die richtige Zeit für mich gekommen ist, werde ich den Strom überqueren – ich habe einen Traum.

2 Ich habe einen Traum, eine Vision, welche mir durch die Realität helfen. Und mein Ziel entschädigt mich für die Zeit, in der ich mich eine weitere Meile durch die Dunkelheit hindurch kämpfe. Ich glaube an Engel, irgend etwas Gutes in allem, was ich sehe. Ich glaube an Engel. Wenn ich weiss, dass die richtige Zeit für mich gekommen ist, werde ich den Strom überqueren – ich habe einen Traum.

130 I will follow him

Rut 1,16; Hld 3f.; Lk 9,57

A C · Am · C · Am · C

I will fol-low him,

Em

fol - low him where-ev - er he may go_____ and

Am · Em · F

near him I al-ways will be for noth-ing can keep me a -

G · C · Am

way. He is my de - sti - ny. I will fol-low

C · Em

him, ev - er since he touched my heart I knew._____

Am · Em · F

_ There is-n't an o-cean too deep, a moun-tain so high it can

Dm7 · G · C · Am · G · C

keep, keep me a - way,_____ a-way from his love._____

B G · C

I love him, I love him, I

Text: Arthur Altmann, Normann Gimbel/Melodie: J.W. Stole & Del Roma/Rechte: Editions Jacques Plante und ATV Music by Bosworth GmbH, Frechen

Übersetzung

Ich werde ihm überallhin folgen, egal, wo er hingeht. Ich werde ihm immer nahe sein, denn nichts kann mich von ihm fern halten. Seit er mein Herz bewegt hat ist er meine Bestimmung. Ich werde ihm überallhin folgen.
Weder tiefe Meere noch hohe Berge können mich von seiner Liebe fern halten. Ich liebe ihn. Wir werden ihm gemeinsam folgen. Weder tiefe Meere noch hohe Berge können uns von seiner Liebe fern halten. Ja, ich liebe ihn, ich werde ihm folgen, und er wird die Liebe meines Lebens sein, heute und alle Zeit.

Jes 43,1f.; Mt 13,31.33

Du kannst der erste Ton 131

Text: Christa Peikert-Flaspoehler / Melodie: Reinhard Horn / Rechte Text: Studio Union im Lahn Verlag, Kevelaer;
Rechte Melodie: Kontakte Musikverlag, Ute Horn, Lippstadt

132 **I danced in the morning**

Lk 7,31f.

1. I danced in the mor-ning when the world was be-gun, and I
2. I danced for the scri - be and the phar - i - see, but they
3. I danced on the Sab-bath and I cured the_ lame, the_
4. I danced on a Fri-day when the sky turned_ black, it's_
5. They cut me_ down_ and I leap up_ high. I_

danced in the moon and the stars_ and the sun and I
would not_ dance and they would-n't fol - low me. I_
ho - ly_ peo - ple_ said it was a shame. They_
hard to_ dance with the de - vil on your back. They_
am the_ life that will ne - ver, ne - ver die. I'll_

came down from hea - ven and I danced on the earth, at_
danced for the fish - er - men, for James and_ John, they_
whipped and they strip-ped and they hung me_ high and they
bur - ied my bo - dy and they thought I'd_ gone. But_
live in_ you_ if you'll live in_ me: I_

Hinweis: Übersetzung siehe nächstes Lied

Beth - le - hem I___ had my birth.
came with me and the dance went on.
left me there on a cross to die. Dance then where-
I'm the Dance and I still go on.
am the Lord of the Dance, said he.

ev - er you may be. I am the Lord of the

Dance said he, and I'll lead you all where

ev - er you may be, and I'll lead you all in the Dance, said he.

Text: Sydney Carter; Text deutsch: Markus Jenny / Melodie: Sydney Carter, adaptiert von Shaker Melody / Rechte:
Stainer & Bell Ltd, London, England

133 Ich tanzte am Morgen

Lk 7,31f.

1. «Ich tanz - te am Mor-gen da ge - born ward das All, und ich
2. «Ich tanz - te für die, so in der Schrift ge - lehrt, doch sie
3. «Ich tanz - te am Sab-bat und ich heilt' ei-nen Mann. Und das
4. «Ich tanz - te am Frei-tag, als die Sonn' fins-ter ward. Mit dem
5. «Sie hol - ten mich run-ter, doch ich spring auf so-gleich. Denn ich

tanzt' ü - ber Son-ne, Mond und Ster - ne all - zu - mal, und ich
woll - ten nicht tan-zen, ha - ben schnell sich ab - ge-kehrt. Und ich
hei - li - ge Volk, es fand, das ge - he doch nicht an. Und sie
Teu - fel im Na-cken noch zu tan - zen, das ist hart. Sie be -
bin das___ Le - ben, und ich le - be auch in euch, wenn ihr

tanz - te vom Him - mel her aufs Er - den - land; in
tanzt' für die Fi - scher von Ka - far - na - um; sie
geis - sel - ten mich und sie spien mir ins Ge-sicht; sie
gru - ben mich und sie dach-ten: ‹Nun ruht er dort!› Doch
lebt in mir, und ich tan - ze vor euch___ her. Ich

Bet - le - hem mei - ne Wie - ge___ stand.
ka - men mit mir und der Tanz ging___ um.
schri - en: ‹Ans Kreuz, die - sen wolln wir___ nicht!›
ich bin der Tanz und ich le - be___ fort.
bin der___ Meis - ter des Tan - zes», sagt ER.

Refrain

Tanzt drum, fragt nicht wo-hin, wo-her; ich bin der Meis-ter des

Tan - zes», sagt ER, «und ich führ euch al - le, wo

im-mer ihr kommt her, und ich führ euch al - le zum Tanz», sagt ER.

Text: Sydney Carter; Text deutsch: Markus Jenny / Melodie: Sydney Carter, adaptiert von Shaker Melody / Rechte: Stainer & Bell Ltd, London, England

Dtn 32,11; Lk 19,38; Offb 15,3

Lobe den Herren 134

1. Lo - be den Her - ren, den mäch - ti - gen Kö - nig der
   lob ihn, o See - le, ver - eint mit den himm - li - schen
2. Lo - be den Her - ren, der al - les so herr - lich re -
   der wie auf Flü - geln des Ad - lers dich si - cher ge -
3. Lo - be den Her - ren, der künst - lich und fein dich be -
   der dir Ge - sund - heit ver - lie - hen, dich freund - lich ge -

Eh - ren;
Chö - ren.   Kom-met zu - hauf,   Psal - ter und Har - fe, wacht
gie - ret,
füh - ret,   der dich er - hält,   wie es dir sel - ber ge -
rei - tet,
lei - tet.   In wie-viel Not   hat nicht der gnä - di-ge

auf,   las - set den Lob - ge - sang hö - ren.
fällt.   Hast du nicht die - ses ver - spü - ret?
Gott   ü - ber dir Flü - gel ge - brei - tet.

Text: nach Joachim Neander / Melodie: 17. Jh. / Rechte: frei

135 Sometimes I feel

Ps 27,7f.; 71,20; Eph 2,6; Phil 1,23

Some - times I feel like a mo - ther - less child, ___

some - times I feel like a mo - ther - less child, ___

some - times I feel like a mo - ther - less child, ___ a

long ways_ from home, _____ a long ways_ from

home True be - lie - ver, a long ways_ from

home, _____ a long ways_ from home.

Some - times I feel like I'm al - most gone, _____

some - times I feel like I'm al - most gone, _____

some - times I feel like I'm al - most gone; _____ way

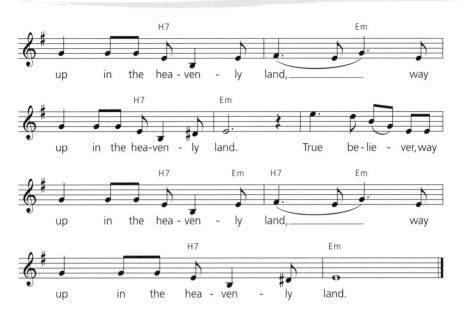

up in the hea - ven - ly land,_____ way
up in the hea-ven - ly land. True be-lie - ver, way
up in the hea - ven - ly land,_____ way
up in the hea - ven - ly land.

Text und Melodie: Negro Spiritual / Rechte: frei

Übersetzung
Manchmal fühl ich mich wie ein Waisenkind, ohne Mutter, weit weg von zu Hause. Wahrer Gläubiger, ich bin weit weg von zu Hause. Manchmal bin ich schon fast im himmlischen Land, ganz weit weg, wahrer Gläubiger, weit weg im himmlischen Land.

136 We are the world

Mt 23,8f.; Eph 4,6

1. There comes a time____ when we heed a cer - tain call,__ when the
world must come to-geth-er as one.__ There are peo-ple dy - ing__ and it's
time to lend a hand__ to life, the great-est gift__ of all.__

2. We can go on____ pre - ten-ding day__ by day__ that some-
one, some-where will soon make a change. We are all a part__ of__ God's
great big fa - mi - ly__ and the truth you know, love is all__ we need.

__ We are the world,__ we are the chil - dren, we are the ones
__ to make a bright - er day,__ so let's__ start giv - ing. There's a
choice we're ma - king,__ we're sa-ving our__ own lives,__ it's true

Text und Melodie: Michael Jackson, Lionel Richie / Rechte: Neue Welt Musikverlag GmbH, München

Übersetzung

1 Der Tag wird kommen, an dem wir dem Ruf folgen und die Welt eins wird. Menschen sterben und es ist Zeit, dem Leben, unserem grössten Geschenk, zum Durchbruch zu verhelfen.

2 Natürlich können wir so weitermachen und uns vormachen, dass irgendwann irgendjemand eine Veränderung bewirken wird. Wir gehören alle zu Gottes grosser Familie und alles, was wir brauchen, ist Liebe.

Rfr Wir sind die Welt, wir sind ihre Kinder, wir können den Tag schöner machen, wir wollen deshalb beginnen miteinander zu teilen. Das ist unsere Wahl, wir retten unser Leben, es stimmt, dass wir den Tag verschönern können, du und ich. Wenn du ganz unten bist, ist jede Hoffnung verschwunden. Aber wenn du den Glauben hast, kannst du niemals so tief fallen. Wir müssen realisieren, dass wir nur dann etwas bewirken können, wenn wir zusammenstehen.

137 Tears in Heaven

Jes 49,16; Lk 10,20b; Offb 7,16f.

Strophen (1./2./4./5.)

1. Would you know my name_____
2. Would you hold my hand_____
4. (Instr.)_____
5. wie 1._____

if I saw you in Heav-en?
if I saw you in Heav-en?
(Instr.)_____

Would it be the same
Would you help me stand

Übersetzung

1 Wüsstest du meinen Namen, wenn ich dich im Himmel sähe? Wäre es das Gleiche, wenn ich dich im Himmel sähe? Ich muss stark sein und weitermachen, ich weiss, ich gehöre nicht in den Himmel.

2 Würdest du meine Hand halten, wenn ich dich im Himmel sähe? Würdest mich aufrecht halten, wenn ich dich im Himmel sähe? Ich werde meinen Weg bei Tag und Nacht finden, denn ich weiss, ich kann nicht im Himmel bleiben.

3 Die Zeit kann dich zermürben, dich in die Knie zwingen. Die Zeit kann unser Herz zerreissen und dich zum Bitten und Betteln treiben. Ich bin sicher, dass es irgendwo Frieden gibt, und ich bin gewiss, dass im Himmel keine Tränen mehr fliessen.

Hm   G   D   A

_____ if I saw you in Heav-en?
_____ if I saw you in Heav-en?
_____ (Instr.) _____

Hm   F#   D

I   must   be   strong___   and   car - ry   on,
I'll   find   my   way___   through night and day,
Be - yond the door___   there's peace I'm sure,

nach der 5. Str.
→ Coda

H   Em7   G/A

_____ 'cause I know__   I   don't be - long_____   here   in   Heav-
_____ 'cause I know__   I   just can't stay_____   here   in   Heav-
_____ and I know__   there'll   be   no   more_____   tears   in   Heav-

en.

Zwischenspiel
D   A   Hm   G   A7

Ende 1./4. Str.   Ende 2. Str.   F   C/E
→ 2. Str.   → Bridge (3. Str.)
→ 5. Str.
3. Time can bring you down,
   Time can break your heart,

D   D

Dm   G   1. C   G   Am

___ time can bend your knees, ___
___ have you beg - gin' please, ___

Text und Melodie: Eric Clapton und Will Jennings / Satz: Bruno Kalberer, Robert Fricker / Rechte: E.C. Music Limited und Rondor Music by Bosworth GmbH, Frechen

138 The rose

Hld 2,5f.; Mk 4,26f.; 1 Thess 3,12

1. Some say love___ it is a
   love___ it is a
(2.) heart,___ a-fraid of
   dream___ a-fraid of

riv - er___ that drowns___ the tend-er reed. Some say
raz - or___ that leaves___ your soul to
break-ing___ that nev - er learns to dance. It's the
wak-ing___ that nev - er takes the

bleed. Some say love___ it is a hung - er___ an
chance. It's the one___ who won't be tak - en___ who

Text, Melodie und Satz: Amanda McBroom / Rechte: Fox Fanfare Music Inc., Neue Welt Musikverlag GmbH, München

Übersetzung

1 Einige sagen, die Liebe sei wie ein Fluss, der das zarte Schilf erdrückt. Andere meinen, die Liebe sei wie ein Rasiermesser, das deine Seele tief verletzt. Wieder andere sagen, die Liebe sei wie Hunger der Seele, eine tiefe, verlangende Sehnsucht. Einige sagen, die Liebe sei wie eine Blume, und du meinst, sie sei nur der Samen.

2 Jenes Herz, das Angst vor der Enttäuschung hat, lernt nie tanzen. Jener Traum, der das Erwachen fürchtet, wagt niemals die Verwirklichung. Wer sich nie ergreifen lässt, kann auch nicht geben, und die Seele, die den Tod fürchtet, kann nie zu leben lernen.

3 Wenn du in der Nacht zu oft einsam warst und der Weg endlos scheint, denkst du vielleicht, die Liebe sei nur für die Glücklichen und Starken. Aber vergiss nicht, unter dem tiefen Winterschnee liegt der Samen, und mit der Liebe der Sonne kann im Frühjahr die Rose blühen.

Joh 3,16; Gal 5,1; Kol 1,27

Liebe ist nicht nur ein Wort 139

1. Lie - be ist nicht nur ein Wort. Lie - be, das sind Wor - te und
2. Frei - heit ist nicht nur ein Wort. Frei-heit, das sind Wor - te und
3. Hoff-nung ist nicht nur ein Wort. Hoff-nung, das sind Wor - te und

Ta - ten.___ Als Zei-chen der Lie - be ist Je - sus ge - bo - ren, als
Ta - ten.___ Als Zei-chen der Frei - heit ist Je - sus ge - stor - ben, als
Ta - ten.___ Als Zei-chen der Hoff-nung ist Je - sus le - ben - dig, als

Zei - chen der Lie - be für die - se Welt.
Zei - chen der Frei - heit für die - se Welt.
Zei - chen der Hoff - nung für die - se Welt.

Text: Eckart Bücken / Melodie: Gerd Geerken / Rechte Text: Strube Verlag GmbH, München-Berlin; Rechte Melodie: Gustav Bosse Verlag, Kassel

140 I am his child

Röm 8,15f.; Gal 4,5f.; 1 Joh 3,1f.

Intro

A F   Dm
I may not be____ all

Gm7   C7   F   F7   B♭   B♭m
that you are,   I may not be____ a shin - ing star,____ but

F/C   Dm   Gm7   C7
what I am_____ I thank the Lord for mak-ing me his

Text und Melodie: Moses Hogan / Satz Chor: Michael Gohl; Satz Klavier: Beat Fritschi / Rechte Melodie und Text:
beim Urheber; Rechte Satz: Verlag Schweizer Singbuch Oberstufe

Übersetzung

Ich bin vielleicht nicht alles, was du bist, ich bin auch kaum ein glänzender Stern. Aber ich bin
eins: Ich bin Gott dankbar, dass er mich zu seinem Kind gemacht hat. Danke Gott, dass du alle
meine Gebete erhört hast, danke, dass du einfach da bist für mich. Danke Gott, denn ich bin
deiner Liebe nicht würdig.

Ps 22,30; 95,6; 1 Kor 11,23

Let us break 141

1. Let us break bread to - ge-ther on our knees, on our knees, let us
2. Let us drink wine to - ge-ther on our knees, let us
3. Let us praise God to - ge-ther on our knees, let us

break bread to - ge - ther on our knees. on our knees,
drink wine to - ge - ther on our knees.
praise God to - ge - ther on our knees. When I

fall down on my knees, with my face to the ri - sing sun, o

Lord, have mer - cy on me. on me.

Text und Melodie: Spiritual; Text deutsch: Christoph Schmitz / Rechte Text und Melodie: frei, Rechte Text
deutsch: beim Urheber

Übersetzung
1 Lasst uns auf den Knien Brot brechen.
2 Lasst uns auf den Knien Wein trinken.
3 Lasst uns auf den Knien Gott loben.
Rfr Wenn ich auf die Knie falle und zur aufgehenden Sonne schaue, dann erbarme dich meiner, o Herr.

142 Heaven is a wonderful place

Offb 12,1; 19,1; 21,1

Übersetzung

Der Himmel ist ein wunderbarer Ort, der mit Ehre und Gnade erfüllt ist. Ich möchte das Gesicht meines Retters sehen, denn der Himmel ist ein wunderbarer Ort und dort möchte ich hingehen.

Du a du a (u)wab. It's a won-der-ful place, ah!

Du a du a (u)wab. It's a won-der-ful place, ah!

Du a du a (u)wab. It's a won-der-ful place, ah!

Text und Melodie: Gospel / Satz: Wolfgang Koperski / Rechte Melodie und Text: frei; Rechte Satz: Tonos Musikverlag GmbH, Darmstadt

Jes 50,4; Mt 9,27; Mk 8,22

Herr, gib Ohren, dich zu verstehn 143

1. Herr, gib Oh - ren, dich zu ver-stehn.
2. Mensch bist du ge - wor - den für uns,
3. Je - sus Chris - tus, sei nicht nur Gast!
4. Herr, gib Oh - ren, dich zu ver-stehn.

Gib uns Au - gen, dich auch zu sehn
bist in - mit - ten un - se - res Tuns,
Tra - ge mit uns un - se - re Last!
Gib uns Au - gen, dich auch zu sehn

denn noch glau - ben wir dei - nem Wort:
Mensch wie wir und da - rum ver-kannt
Tra - ge mit uns un - se - re Welt
denn noch glau - ben wir dei - nem Wort:

«Ich bin da an je - dem Ort!»
ziehst du mit uns un - er - kannt.
und die Fra - gen, die sie stellt.
«Ich bin da an je - dem Ort!»

Musik: Ennio Morricone / Text: Joan Baez / Rechte: Arabella Musikverlag, München

144 I'm gonna lay down

Jes 2,4f.

1. I'm gon - na lay down my bur - den   down by the ri - ver-side,
2. I'm gon - na lay down my sword and shields   down by the ri - ver-side,
3. I'm gon - na lay down my gol - den shoes   down by the ri - ver-side,
4. I'm gon - na lay down my arms and guns   down by the ri - ver-side,

down by the ri - ver-side,   down by the ri - ver-side, I'm gon-na
down by the ri - ver-side,   down by the ri - ver-side, I'm gon-na
down by the ri - ver-side,   down by the ri - ver-side, I'm gon-na
down by the ri - ver-side,   down by the ri - ver-side, I'm gon-na

lay down my bur - den   down by the ri - ver-side and gon-na
lay down my sword and shields   down by the ri - ver-side and gon-na
lay down my gol - den shoes   down by the ri - ver-side and gon-na
lay down my arms and guns   down by the ri - ver-side and gon-na

stu-dy__ war no more.__
stu-dy__ war no more.__ I'aint gon-na stu-dy war no more. I'aint gon-na
stu-dy__ war no more.__
stu-dy__ war no more.__

stu - dy war no more. I'aint gon - na stu - dy war no

more.   I'aint gon - na stu - dy war no more. I'aint gon - na

stu - dy war no more. I'aint gon-na stu-dy__ war no more.

Text und Melodie: Negro Spiritual / Rechte: frei

Übersetzung
1 Ich werde meine Last am Ufer ablegen und keinen Krieg mehr führen.
2 Ich werde mein Schwert und Schild am Ufer ablegen …
3 Ich werde meine goldenen Schuhe am Ufer ablegen …
4 Ich werde alle meine Waffen und Gewehre am Ufer ablegen …

Ex 5,1.10f.; Ps 105

Go down, Moses 145
When Israel was in Egypt's Land

1. When	Is -	rael	was	in	E -	gypt's	land,
2. «Thus	spoke	the	Lord»,	bold	Mo -	ses	said;
3. «No	more	shall	they	in	bon -	dage	toil»,
4. The	Lord	told	Mo -	ses	what	to	do,
5. Oh	let	us	all	from	bon -	dage	flee,

let	my	peop - le	go,	op - pressed	so	hard	they
let	my	peop - le	go,	«If	not	I'll	smite your
let	my	peop - le	go,	«let	them	come	out with
let	my	peop - le	go,	to	lead	the	children of
let	my	peop - le	go,	and	let	us	all in

could	not	stand,	let	my	peop - le	go.
first	born	dead»,	let	my	peop - le	go.
E -	gypt's	spoil»,	let	my	peop - le	go.
Is -	rael	through,	let	my	peop - le	go.
Christ	be	free,	let	my	peop - le	go.

Refrain

Go down,__ Mo - ses,____ way down in E - gypt's land,__

tell__ old_____ Pha-ra-oh: Let my peop-le go.

Text und Melodie: Spiritual / Rechte: frei

Übersetzung

1 Das Volk Israel war in Ägypten so unterdrückt, dass es das nicht mehr ertragen konnte.
2 Da sagte Moses kühn: «Der Herr sprach, lass mein Volk ziehen, sonst werde ich alle Neugeborenen töten.»
3 «Mein Volk soll nicht mehr gefangen sein, sondern mit den Schätzen Ägyptens davonziehen.»
4 Der Herr sagte Moses, dass er die Kinder Israels wegführen solle.
5 Lass uns alle aus der Gefangenschaft fliehen und in Christus frei sein!
Rfr Moses, gehe zum Pharao in Ägypten und sag ihm, er solle mein Volk ziehen lassen.

146 Put your hand

Mk 5,35 – 41; Joh 2,13f.; 3,35; 13,3

Kehrvers

Put your hand in the hand of the man who stilled the wa-

ter, put your hand in the hand of the

man who cal-med the sea.___ Take a

look at your-self and-a you can look at oth-

ers diff-'rent-ly___ by put - tin' your

hand in the hand___of the man from-a Ga-li-lee.___

Strophen

1. Ev'-ry time I look in-to the
2. Ma-ma taught me how to pray be-

Ho-ly Book I want to tremb-le, when I
fore I reached the age of se-ven, and when

read a-bout the part where a car-pen-ter cleared___ the
I'm down on my knees that's-a when___ I'm close___ to

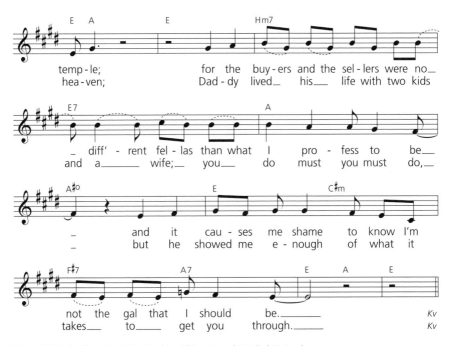

temp - le;
hea - ven;

for the buy - ers and the sel - lers were no_
Dad - dy lived_ his_ life with two kids

_ diff' - rent fel - las than what I pro - fess to be_
and a_ wife;_ you_ do must you must do,_

_ and it cau - ses me shame to know I'm
_ but he showed me e - nough of what it

not the gal that I should be._ Kv
takes_ to_ get you through._ Kv

Text und Melodie: Gene MacLellan / Rechte: Edition Accord MV GmbH, Hamburg

Übersetzung

Kv Lege deine Hand in die Hand des Mannes, der das Wasser still werden liess, der das Meer beruhigte. Schau dich selbst an, dann wirst du den anderen in einem neuen Licht sehen, wenn du deine Hand in die des Mannes von Galiläa legst.

1 Immer wenn ich in das heilige Buch schaue, überkommt mich ein Zittern, wenn ich davon lese, wo der Zimmermann den Tempel gesäubert hat. Denn die Käufer und Verkäufer waren genau solche Burschen wie ich, das bekenne ich, und es schmerzt mich zu wissen, dass ich nicht der bin, der ich sein sollte.

2 Mama lehrte mich beten, als ich noch keine sieben war. Und wenn ich auf den Knien liege, dann fühle ich mich fast im Himmel. Papa lebte sein Leben mit zwei Kindern und einer Frau. Man tut, was man tun muss, aber er zeigte mir genug davon, was nötig ist, um durchzukommen.

147 Nobody knows

Jes 49,14; Ps 22,25; 31,8; 88,10

Kehrvers

No - bo - dy knows the troub-le I've seen,
no - bo - dy knows but Je - sus. No - bo - dy knows the
troub-le I've seen, Glo - ry, Hal - le - lu - ja.

Strophen

1. Some - times I'm up, some - times I'm down,
2. Al - though you see me going long so,
3. I ne - ver shall for - get the day,

oh, yes, Lord. Some - times I'm al - most
oh, yes, Lord. I have my tri - als
oh, yes, Lord, when Je - sus washed my

to the ground, oh, yes, Lord. *Kv*
here be - low, oh, yes, Lord. *Kv*
sins a - way, oh, yes, Lord. *Kv*

Text und Melodie: Spiritual / Rechte: frei

Übersetzung

Kv Niemand ausser Jesus kennt all das Traurige, das ich schon gesehen habe.

1 Manchmal geht's mir gut, manchmal schlecht, manchmal bin ich am Boden zerstört.

2 Auch wenn ich es schon lange ausgehalten habe, Herr, bin ich hier doch vielen Versuchungen ausgesetzt.

3 Ich werde niemals den Tag vergessen, an dem Jesus mir meine Sünden vergab.

Hinweis: Das Traurige, das in diesem Lied beklagt wird, ist die Mühsal der Sklaven, die oft von ihren Familien getrennt wurden.

Gen 1,1f.

Wüst und leer 148

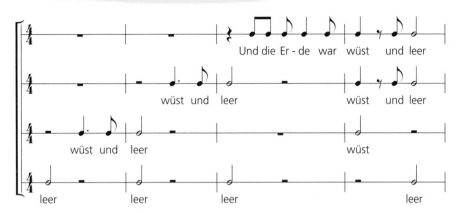

Und die Er - de war wüst und leer

wüst und leer   wüst und leer

wüst und leer   wüst

leer   leer   leer   leer

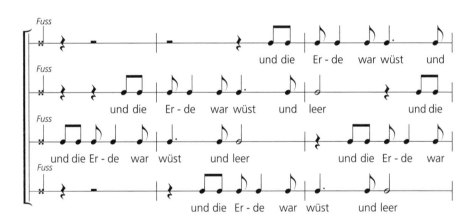

Fuss

und die Er - de war wüst und

Fuss

und die Er - de war wüst und leer   und die

Fuss

und die Er - de war wüst und leer   und die Er - de war

Fuss

und die Er - de war wüst und leer

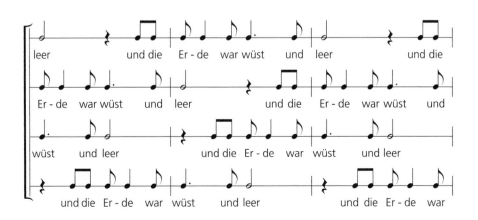

leer   und die Er - de war wüst und leer   und die

Er - de war wüst und leer   und die Er - de war wüst und

wüst und leer   und die Er - de war wüst und leer

und die Er - de war wüst und leer   und die Er - de war

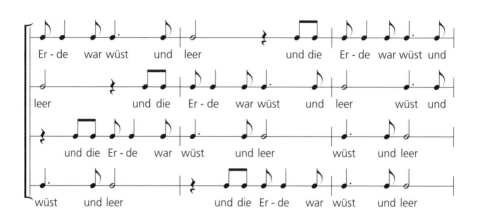

Er - de war wüst und leer und die Er - de war wüst und
leer und die Er - de war wüst und leer wüst und
und die Er - de war wüst und leer wüst und leer
wüst und leer und die Er - de war wüst und leer

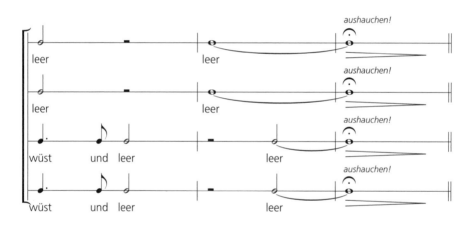

aushauchen!
leer leer

aushauchen!
leer leer

aushauchen!
wüst und leer leer

aushauchen!
wüst und leer leer

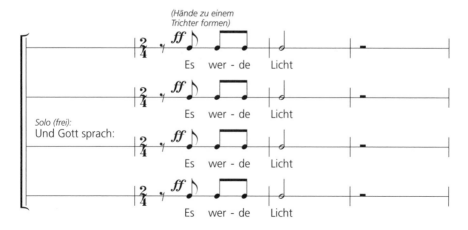

(Hände zu einem Trichter formen)
ff
Es wer - de Licht

ff
Es wer - de Licht

Solo (frei):
Und Gott sprach:
ff
Es wer - de Licht

ff
Es wer - de Licht

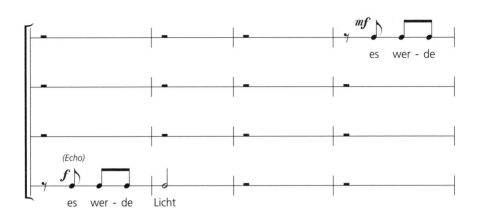

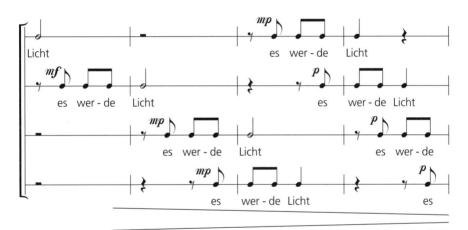

Allmählich verklingen lassen (Echoeffekt)

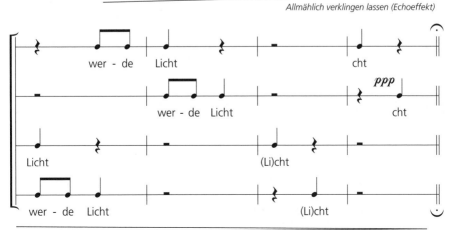

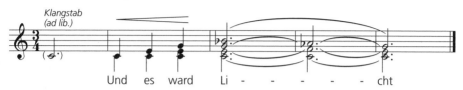

Und es ward Li - - - - - cht

Text, Melodie, Satz und Rechte: Bernward Hoffmann / Text, Melodie, Satz und Rechte 2. Teil: Heinz Girschweiler

149 Swing low

2 Kön 2,5; Jes 26,9; Phil 3,20

Kehrvers

Swing low, sweet cha - ri - ot,__ co - min' for to car - ry me home!

Swing low, sweet cha - ri - ot,__ co - min' for to car - ry me home!

1. I looked o - ver Jor - dan, an' what did I see,__
2. If you get__ there be - fore__ I do,__
3. I'm some - times__ up an'__ some - times down,__

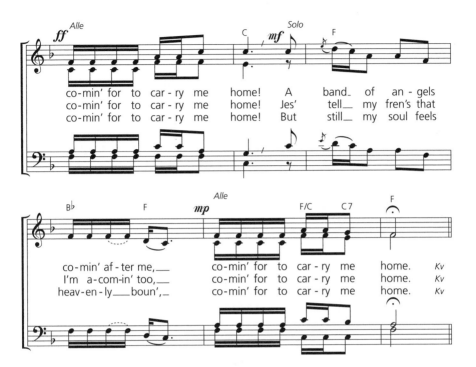

Text und Melodie: Spiritual / Rechte: frei

Übersetzung

Kv Komm näher, du himmlisches Gefährt, und hol mich nach Hause.

1 Ich blickte über den Jordan und sah eine Engelschar, die mich abholen wollte.

2 Falls du vor mir dort ankommst, sag bitte meinen Freunden, dass ich auch bald dort sein werde.

3 Manchmal geht's mir gut, manchmal schlecht, meine Seele ist jedoch immer auf den Himmel ausgerichtet.

150 Ev'ry time I feel the Spirit

Jes 32,15; Apg 2,33; Röm 5,5

Kehrvers

Ev' - ry time I___ feel the Spi - rit___ mov - in'
in my heart___ I will pray, ev' - ry time I___ feel the
Spi - rit___ mov - in' in my heart___ I will pray.

Strophen

1. Up-on the moun - tain, when my Lord spoke,   out of His
2. Oh' I have sor - rows and I have woe,   and I have

mouth came_____ fire and smoke; Look'd all a -
heart - ache_____ here be - low; But while God

round_____ me, it look'd so fine till I ask'd
leads_____ me I'll ne - ver fear, for I am

my Lord if all were mine. *Kv*
shel - tered_____ by His care. *Kv*

Dal ⅗

Text und Melodie: Spiritual, USA / Satz: Hansruedi Willisegger / Rechte Text und Melodie: frei; Rechte Satz:
Verlag Schweizer Singbuch Oberstufe

Übersetzung

Kv Jedes Mal, wenn der Geist mein Herz bewegt, werde ich beten.

1 Auf dem Berg sprach Gott und aus seinem Mund kam Feuer und Rauch. Ich schaute mich
um, es war alles so schön, bis ich Gott fragte, ob das alles mir gehöre.

2 Ach, ich habe Sorgen und Schmerzen hier auf der Erde, aber wenn Gott mich leitet,
fürchte ich mich nicht, denn ich werde von seiner Sorge behütet.

151 Jesus is my salvation

Ps 27,1f.; Lk 2,11; Joh 4,42

Dum du dum du du du du du dum__ du du du dum du dum du

du du du ah_____ I am so hap - py! Je-sus is my__ sal-va-tion.

I am so hap - py! Hal-le-lu-ja!__ I am so hap - py!

Je - sus is my— sal - va - tion. I am so hap - py! Hal - le - lu - ja!———

Da ba da ba da ba da. Da ba da ba da ba da ba.———

Text und Melodie: Thomas Riegler / Rechte: Tonos Musikverlags GmbH, Darmstadt

Übersetzung

Ich bin so glücklich! Jesus ist mein Heil. Ich bin so glücklich! Halleluja.

152 We shall overcome

Ps 27,1; Jes 2,4; Eph 2,14

1. We shall o - ver - come, _____ we shall o - ver -
2. The Lord will see us through, _____ the Lord will see us
3. We are not a - fraid, _____ we are not a -

come, _____ we shall o - ver - come some day. _____
through, _____ the Lord will see us through some day. _____
fraid, _____ we are not a - fraid to - day. _____

Oh, _____ deep in my heart, I do be -
Oh, _____ deep in my heart, I do be -
Oh, _____ deep in my heart, I do be -

lieve, we shall o - ver - come some day.
lieve, the Lord will see us through some day.
lieve, we are not a - fraid to - day.

4. The truth shall make us free, the truth shall make us free, the truth shall make us free some day. Oh, deep in my heart, I do believe, the truth shall make us free some day.

5. We'll walk hand in hand, we'll walk hand in hand, we'll walk hand in hand some day. Oh, deep in my heart, I do believe, we'll walk hand in hand some day.

6. Black and white together, black and white together, black and white together some day. Oh, deep in my heart, I do believe, black and white together some day.

7. We shall live in peace, we shall live in peace, we shall live in peace some day. Oh, deep in my heart, I do believe, we shall live in peace some day.

Text und Melodie: Zilphia Horton, Frank Hamilton, Guy Caravan und Pete Seeger / Melodie: Spiritual / Rechte Text: Essex Musikvertrieb GmbH, Hamburg; Rechte Melodie: frei; Rechte Satz: Verein zur Herausgabe des Gesangbuches der Ev.-ref. Kirchen der deutschsprachigen Schweiz, Zürich

Übersetzung

1 Eines Tages werden wir gesiegt haben.
   O tief in meinem Herzen glaube ich daran: …
2 Eines Tages wird der Herr uns hindurchbegleiten.
   O tief in meinem Herzen glaube ich daran: …
3 Wir fürchten uns jetzt nicht.
   O tief in meinem Herzen glaube ich daran: …
4 Eines Tages wird uns die Wahrheit frei machen.
   O tief in meinem Herzen glaube ich daran: …
5 Eines Tages werden wir Hand in Hand gehen.
   O tief in meinem Herzen glaube ich daran: …
6 Eines Tages sind Schwarze und Weisse vereint.
   O tief in meinem Herzen glaube ich daran: …
7 Eines Tages werden wir in Frieden leben.
   O tief in meinem Herzen glaube ich daran: …

Hinweis: Dieses Lied wurde unter anderem als Streiklied verwendet und war in verschiedenen Varianten in der Bürgerrechtsbewegung populär.

153 **O freedom**

Ex 14,15f.; Ps 124,7; Gal 5,1f.

3. No more crying / over me, *Rfr*

4. There'll be singing / over me, *Rfr*

Text und Melodie: Traditional / Satz: Ralf Grössler / Rechte Text und Melodie: frei; Rechte Satz: Strube Verlag GmbH, München-Berlin

Übersetzung

1 Freiheit kommt über mich.
2 Kein Klagen wird mehr zu mir dringen.
3 Kein Weinen wird mehr zu mir dringen.
4 Ich werde nur noch Gesang hören.
Rfr Bevor ich zum Sklaven werde, bin ich tot und begraben. Dann kann ich heimgehen
   zu meinem Gott und ich werde frei sein.

154 Somebody's knocking

Offb 3,20

Einleitung

Some-bo - dy's kno-cking at your door,_____ some-bo - dy's

kno-cking at your door,_____ o_____ sin - ner, why don't you

an - swer? Some-bo - dy's kno-cking at your door._____

Strophen

1. Knocks like___ Je - sus, some - bo - dy's kno-cking at your
2. Can't you___ hear him? Some - bo - dy's kno-cking at your
3. An - swer___ Je - sus. Some - bo - dy's kno-cking at your
4. Je - sus___ calls you. Some - bo - dy's kno-cking at your
5. Can't you___ trust him? Some - bo - dy's kno-cking at your

door,_____ knocks like___ Je - sus, some-bo - dy's kno-cking at your
door,_____ can't you___ hear him? Some-bo - dy's kno-cking at your
door,_____ an - swer___ Je - sus. Some-bo - dy's kno-cking at your
door,_____ Je - sus___ calls you. Some-bo - dy's kno-cking at your
door,_____ can't you___ trust him? Some-bo - dy's kno-cking at your

door,_____ o_____ sin-ner, why don't you an-swer?
door,_____ o_____ sin-ner, why don't you an-swer?
door,_____ o_____ sin-ner, why don't you an-swer?
door,_____ o_____ sin-ner, why don't you an-swer?
door,_____ o_____ sin-ner, why don't you an-swer?

Some - bo	-	dy's	kno - cking	at	your	door._____	*Strophe 2*
Some - bo	-	dy's	kno - cking	at	your	door._____	*Strophe 3*
Some - bo	-	dy's	kno - cking	at	your	door._____	*Strophe 4*
Some - bo	-	dy's	kno - cking	at	your	door._____	*Strophe 5*
Some - bo	-	dy's	kno - cking	at	your	door._____	

Text und Melodie: Spiritual / Rechte Text und Melodie: frei

Übersetzung

Kv Einleitung: Jemand klopft jetzt an deine Tür, jemand klopft jetzt an deine Tür, o Sünder, warum gibst du keine Antwort? Jemand klopft jetzt an deine Tür.

1 Klopft wie Jesus – jemand klopft jetzt an deine Tür – klopft wie Jesus, – jemand klopft jetzt an deine Tür. O Sünder, warum gibst du keine Antwort? Jemand klopft jetzt an deine Tür.

2 Kannst du ihn nicht hören? Jemand klopft jetzt an deine Tür.

3 Antworte Jesus. Jemand klopft jetzt an deine Tür.

4 Jesus ruft dich. Jemand klopft jetzt an deine Tür.

5 Kannst du ihm vertrauen? Jemand klopft jetzt an deine Tür.

155 Go tell it on the mountain

Jes 9,1; 40,9f.; Lk 2,1f.

Kehrvers

Go tell it on the moun-tain, o - ver the hills and ev' - ry-where; __
go tell it on the moun-tain, that Je - sus Christ is a - born.

Strophen

1. ? When I was a see - ker, I sought both night and day,
2. 't was in a low - ly man - ger that Je - sus Christ was born.
3. ? He made me a watch-man up - on the ci - ty wall;

I asked my Lord to help me, and he taught me to pray. __ *Kv*
The Lord sent down an an - gel that bright and glo-rious morn. __ *Kv*
and if I am a Chris-tian, I am the least of all. __ *Kv*

Text und Melodie: Spiritual /Rechte: frei

Übersetzung

Kv Geh, sag es von dem Berge, über die Hügel hin und überall; geh, sag es von dem Berge, dass Jesus Christus geboren ist.

1 Als ich ein Suchender war, suchte ich nachts und auch am Tage. Ich bat den Herrn, mir zu helfen, und er lehrte mich beten.

2 Es war in einer erbärmlichen Krippe, dass Jesus Christus geboren wurde. Der Herr sandte einen Engel herab, an diesem strahlenden wunderbaren Morgen.

3 Er machte mich zum Wächter auf der Stadtmauer; und wenn ich ein Christ bin, bin ich der Geringste von allen.

Lk 6,20f.; Offb 7,17; 21,3; Jes 66,11

Another day in paradise 156
She calls out to the man

Intro und Zwischenspiel

Hm   A   Em7   Hm   A   Em7

Strophen

Hm7   A   Em7

1. She calls out___ to the man___ on the street:___
2. He walks on,___   does-n't look back,___
3. She calls out___ to the man___ on the street.___
4. You can tell___ from the lines___ on her face.___

Hm7   A

    «Sir,___ can you help___ me?___
he pre-tends___ he can't hear___ her.___
He can see___ she's been cry - ing.___
You can see___ that she's been___ there._

Hm7   A   Em7

    It's cold___ and I'm no - where to sleep,___
  Starts to whis-tle as he cros - ses the street.___
  She's got blis-ters on the soles___ of her feet,___
Pro-ba-bly been moved on from e - ve-ry place___

Hm7   A

's there some-where_ you can tell___ me?»_
Seems em-bar - rassed to be___ there._
she can't walk,___ but she's try - ing.___
cause she did - n't fit in___ there._

Refrain

Gmaj7

Hm   F#m/H   Gmaj7/H

2.–4. Oh,   think twice,   'cause it's an-oth-er day for you and me in

Text und Melodie: Philip Collins Ltd. / Rechte: Hit & Run Music Productions, EMI, New York

Ablauf

Intro – Strophe 1 – Strophe 2 – Refrain – Intro – Strophe 3 – Refrain – Intro – Zwischenteil – Strophe 4 – Refrain – Intro – Coda (Intro beginnt jeweils mit dem letzten Takt des Refrains.)

Übersetzung

1 Sie ruft dem Mann auf der Strasse zu: «Herr, helfen Sie mir bitte! Es ist kalt und ich habe keine Bleibe, könnten Sie mir vielleicht einen Hinweis geben?»

2 Er geht weiter, kehrt nicht zurück, er tut so, als ob er sie nicht gehört hätte, fängt beim Überqueren der Strasse zu pfeifen an, es ist ihm offenbar peinlich, hier zu sein.

3 Sie ruft dem Mann auf der Strasse zu, er kann sehen, dass sie geweint hat, sie hat Blasen an den Sohlen, kann nicht mehr laufen, aber sie versucht es.

Zwischenteil: Oh Herr, gibt es nichts, was man noch tun könnte? Oh Herr, da muss es doch noch etwas zu sagen geben.

4 An den Falten in ihrem Gesicht kannst du es ablesen, kannst sehen, dass sie schon da war. Wahrscheinlich wurde sie weggeschickt, wie überall, weil sie nicht hinpasste.

Rfr Denk zweimal nach, weil dies heute ein weiterer Tag im Paradies ist für dich und mich.

Hinweis: Mit «Another day in paradise» nahm Phil Collins eindringlich zum sozialen Problem der Obdachlosigkeit Stellung. International bekannt wurde Phil Collins als Schlagzeuger und Sänger der britischen Gruppe Genesis, der er von 1970 – 1996 angehörte.

157 Eingeladen zum Fest des Glaubens   Mk 3,7f.; 6,33f.; Lk 14,21f.

Aus den Dörfern und aus Städten

1. Aus den Dör - fern und aus Städ - ten, von ganz
2. Und so ka - men sie in Scha - ren, brach - ten
3. Und dort lern - ten sie zu tei - len, Brot und
4. Aus den Dör - fern und aus Städ - ten, von ganz

nah und auch von fern,___ mal ge - spannt,__ mal e - her skep-
ih - re Kin - der mit,___ ih - re Kran - ken, auch die Al -
Wein und Geld und Zeit;___ und dort lern - ten sie zu hei -
nah und auch von fern,___ mal ge - spannt,__ mal e - her skep-

tisch, man - che zö - gernd, vie - le gern,___ folg - ten sie
ten, selbst die Lah - men hiel - ten Schritt.___ Von der Stras-
len, Kran - ke, Wun - den, Schmerz und Leid;___ und dort lern-
tisch, man - che zö - gernd, vie - le gern,___ fol - gen wir

Text: Eugen Eckert / Melodie: Alejandro Veciana / Rechte: Strube Verlag GmbH, München-Berlin

158 I'm gonna sing

Ps 108,1; Kol 3,16f.

1. I'm gon-na sing when the Spi-rit says «Sing»,_____
2. I'm gon-na shout when the Spi-rit says «Shout»,_____
3. I'm gon-na preach when the Spi-rit says «Preach»,_____
4. I'm gon-na pray when the Spi-rit says «Pray»,_____
5. I'm gon-na sing when the Spi-rit says «Sing»,_____

I'm gon-na sing when the Spi-rit says «Sing»,_____
I'm gon-na shout when the Spi-rit says «Shout»,_____
I'm gon-na preach when the Spi-rit says «Preach»,_____
I'm gon-na pray when the Spi-rit says «Pray»,_____
I'm gon-na sing when the Spi-rit says «Sing»,_____

I'm gon-na sing when the Spi-rit says «Sing»,_____
I'm gon-na shout when the Spi-rit says «Shout»,_____
I'm gon-na preach when the Spi-rit says «Preach»,_____
I'm gon-na pray when the Spi-rit says «Pray»,_____
I'm gon-na sing when the Spi-rit says «Sing»,_____

and o - bey the Spi-rit of the Lord._____

Text und Melodie: Negro Spiritual / Rechte: frei

Übersetzung
1 Ich werde singen wenn der Geist mir sagt «Sing!», und ich werde dem Geist gehorchen.
2 Ich werde rufen …
3 Ich werde predigen …
4 Ich werde beten …

Jes 30,18; Bar 3,2; Mk 10,46

Kyrie 159

Text: liturgischer Ruf / Melodie: Herkunft unbekannt

Jes 30,18; Bar 3,2; Mk 10,46

Kyrie eleison 160

Text: Liturgie / Musik: Jacques Berthier / Rechte Text: frei; Rechte Musik: Ateliers et Presses Taizé, F-71250 Taizé-Communauté

161 Herr, erbarme dich unserer Zeit Ps 27,7; 51,3; Mk 10,46f.; Lk 13,13

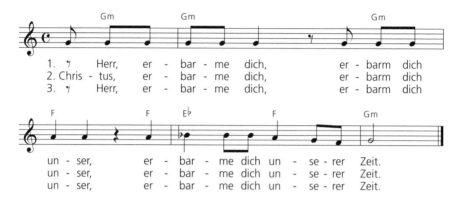

1. ’ Herr, er - bar - me dich, er - barm dich
2. Chris - tus, er - bar - me dich, er - barm dich
3. ’ Herr, er - bar - me dich, er - barm dich

un - ser, er - bar - me dich un - se - rer Zeit.
un - ser, er - bar - me dich un - se - rer Zeit.
un - ser, er - bar - me dich un - se - rer Zeit.

Text und Melodie: Peter Janssens / aus: Entfesselt das Wort, 1968 / Rechte Text und Melodie: Peter Janssens
Musik Verlag, Telgte-Westfalen

162 Herr, erbarme dich Ps 27,7; 51,3; Mk 10,46f.; Lk 13,13

Herr, er - bar - me dich, er - bar - me dich.

Herr, er - bar - me dich. Herr, er - bar - me dich.

Text: Liturgie / Melodie und Satz: Peter Janssens / Rechte Text: frei; Rechte Melodie und Satz: Peter Janssens
Musik Verlag, Telgte-Westfalen

Jes 30,18; Bar 3,2; Mk 10,46

Ore poriaju 163

1. O - re_____ po - ria - ju_____ ve - re -
   O - re_____ po - ria - ju_____ ve - re -
2. Ky - ri - e e - le - i - son,_____ Ky - ri -
   Chris - te e - le - i - son,_____ Chris -

ko_____ Nan - de - ja - - ra. O - re_____ po - ria -
ko_____ Je - su - cris - to. O - re_____ po - ria -
e e - le - i - son,_____ Ky - ri - e e - le - i -
te e - le - i - son,_____ Chris - te e - le - i -

ju_____ ve - re - ko_____ Nan - de - ja - ra.
ju_____ ve - re - ko_____ Je - su - cris - to.
son,_____ Ky - ri - e e - le - i - son!_____
son,_____ Chris - te e - - - le - i - son!_____

Text und Melodie: Kyrie Guarani, überliefert / Rechte: frei

1 Guarani
2 Griechisch

Jes 30,18; Bar 3,2; Mk 10,46

Kyrie eleison 164

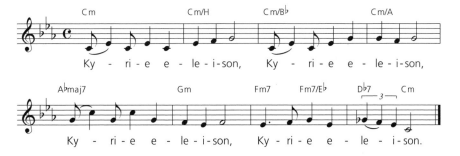

Ky - ri - e e - le - i - son, Ky - ri - e e - le - i - son,

Ky - ri - e e - le - i - son, Ky - ri - e e - le - i - son.

Text: Liturgie / Melodie: Dinah Reindorf / Akkordbez.: Wolfgang Teichmann / Rechte Text: frei; Rechte Melodie und Akkordbez.: beim Urheber

165 Gloria, Ehre sei Gott

Lk 2,14; Röm 16,27; 1 Tim 1,17

Kehrvers

Glo - ri - a,___ Eh - re sei Gott und Frie - de den Men-schen sei - ner
Gna - de. Glo - ri - a,___ Eh - re sei Gott, er ist der Frie-de un-ter
uns.

Strophen

1. Wir lo - ben dich, wir prei - sen dich, wir
2. Du bist der Herr, der Hei - li - ge, der

be - ten dich an, wir rüh - men dich und
Höchs - te al - lein. Du nimmst hin - weg die

dan - ken dir, denn gross ist dei - ne Herr-lich - keit. *Kv*
Schuld der Welt, er - barm dich un - ser, Got-tes-lamm! *Kv*

Text: Liturgie/Melodie: Kathi Stimmer-Salzeder/Rechte Text: frei; Rechte Melodie: beim Urheber

166 Gloria a Dios

Ps 29,2; Lk 2,14; Offb 4,11; 7,12

1. Glo-ria a Dios. Glo-ria a Dios. Glo-ria en los cie - los!
1. Eh - re sei Gott. Eh - re sei Gott. Eh - re in der Hö - he!
1. Glo-ry to God. Glo-ry to God. Glo - ry in the high - est!

A Dios la glo - ria por siem - pre!
Gebt Gott die Eh - re für im - mer!
To God be glo - ry for - e - ver!

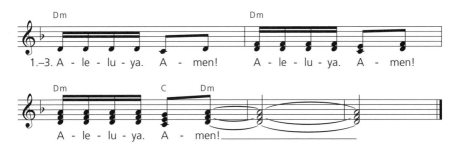

1.–3. A - le - lu - ya. A - men! A - le - lu - ya. A - men!

A - le - lu - ya. A - men!

Spanisch
2. Gloria a Dios. Gloria a Dios. Gloria a Jesucristo.
3. Gloria a Dios. Gloria a Dios. Gloria al Espíritu santo.

Deutsch
2. Ehre sei Gott. Ehre sei Gott! Ehr' sei Jesus Christus!
3. Ehre sei Gott. Ehre sei Gott! Ehr' dem Heil'gen Geiste!

Englisch
2. Glory to God. Glory to God. Glory to Christ Jesus.
3. Glory to God. Glory to God. Glory to the Spirit.

Text und Melodie: aus Peru; Text deutsch: Dieter Trautwein / Rechte Melodie und Text: frei; Rechte Text deutsch: Strube Verlag GmbH, München-Berlin

1 Chr 16,35; Est 4,17h; Ps 106,47   ## Grosser Gott, wir loben dich 167

1. Gros - ser   Gott,____ wir   lo - ben   dich;
   Vor   dir   neigt____ die   Er - de   sich
2. Al - les,   was____ dich   prei - sen   kann,
   stim - men   dir____ ein   Lob - lied   an;
3. Hei - lig,   Herr____ Gott   Ze - ba - ot,
   star - ker   Hel - fer   in____ der   Not!

Herr,   wir   prei - sen   dei - ne   Stär - ke.
und   be - wun - dert   dei - ne   Wer - ke.
Ke - ru - bim____ und   Se - ra - fi - nen,
al - le   En - gel,   die____ dir   die - nen,
hei - lig,   Herr____ der   Him - mels - hee - re,
Him - mel,   Er - de,   Luft____ und   Mee - re

Wie du warst vor al - ler Zeit,
ru - fen dir stets oh - ne Ruh
sind er - füllt von dei - nem Ruhm;

so bleibst du___ in E - wig - keit.
«Hei - lig, hei - lig, hei - lig!» zu.
al - les ist___ dein Ei - gen - tum.

Text: Ignaz Franz / Melodie: Wien um 1774 und Leipzig 1819 / Rechte: frei

168 Gottes Wort
Vihuda le'olam teshev

Ps 119,105; 2 Petr 1,19f.

Jes 54,10; Joël 4,20

Kanon für 2 Stimmen

Got - tes Wort ist wie Licht in der Nacht; es hat
Vi - hu - da le' o - lam te - shev, vi - hu -

Hoff-nung und Zu - kunft ge - bracht; es gibt Trost, es gibt Halt in Be -
da le - o - lam te - shev. Vi - ru - sha - la - yim le -

dräng-nis, Not und Ängs-ten, ist wie ein Stern in der Dun - kel - heit.
dor___ va - dor, vi - ru - sha - la - yim le - dor va - dor

Text und Melodie: aus Israel; Text deutsch: Hans-Hermann Bittger / Satz, Kanon: Josef Jacobsen / Rechte Text
und Melodie: frei; Rechte Text deutsch: Bistum Essen, Essen; Rechte Satz: beim Urheber

Übersetzung
Juda wird für immer bleiben, und Jerusalem von Geschlecht zu Geschlecht.

Ps 106,48; Offb 19,1f.

Sing Halleluja unserm Herrn 169

Englisch	Sing halleluja to the Lord.
Französisch	Chantes alléluja au Seigneur.
Italienisch	Cant' alleluja al Signor.
Romanisch	Chant' alleluja al Signur.

Text, Melodie und Satz: Linda Stassen / Rechte: Linda Stassen, New Song Ministries, Costa Mesa, USA

170 Herr, wir bitten dich

Jes 30,18; Bar 3,2; Mk 10,46

Herr, wir bit - ten dich, Herr, er - hö - re uns.

Text: Liturgie/Melodie: unbekannt/Satz: Walter Wiesli/Rechte Text und Melodie: frei; Rechte Satz: beim Urheber

171 Höre uns, wir rufen dich

Ps 69,19; Bar 2,16; 3,4

Einzelne/Alle

Hö - re uns, wir ru - fen dich. Hö - re uns, wir su - chen dich. Hö - re uns und sei uns nah.

Text: Eugen Eckert/Melodie: nach «Christ ist erstanden»/Rechte Text: Strube Verlag GmbH, München-Berlin; Rechte Melodie: frei

172 Amen, komm Herr Jesus

Mt 25,1f.; 1 Kor 16,22; Offb 22,20

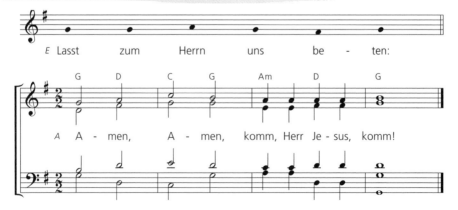

E Lasst zum Herrn uns be - ten:

A A - men, A - men, komm, Herr Je - sus, komm!

Text: Liturgie/Melodie: Winfried Heurich/Rechte: Strube Verlag GmbH, München-Berlin

Gen 4,18; Joh 15,36

Nimm, o Herr, die Gaben 173

1. Nimm, o Herr, die Ga - ben, die wir brin - gen.
2. Lass uns al - le dei - ne Jün - ger wer - den.

Sieh auf uns und seg - ne Brot und Wein.
Wer sein Le - ben mit dir wagt, ge - winnt.

Was wir be - ten und____ was wir sin - gen, soll al - lein für
Denn durch die - ses Brot schenkst du uns Le - ben, selbst wenn wir in

dich uns - re Op - fer - ga - be sein.
die - ser___ Welt ge - stor - ben   sind.____

Text: überliefert / Melodie: Andrew Lloyd Webber / Rechte: Universal Music Publ. GmbH, Hamburg / MCA Music GmbH

174 Holy, holy, holy Lord

Jes 6,1f.; Lk 1,52; Offb 4,8

Ho-ly, ho-ly, ho-ly__ Lord, God of pow'r and might,__ heav-en and earth are full of your glo-ry. Ho-san-na in the high-est.

Text: Liturgie / Melodie und Satz: Leon C. Roberts / Rechte Text: frei; Rechte Melodie und Satz: beim Urheber

Übersetzung
Siehe Sanctus der Liturgietexte.

Jes 6,1f.; Lk 1,52; Offb 4,8

Heilig – Herr und Gott 175

1. Him - mel und Er - de sind er - füllt von dei -
2. Hoch - ge - lobt_ sei, der da kommt im Na -

- ner Herr - lich - keit.
- - men des Herrn.

dal 𝄋 al Fine

Text: Liturgie / Melodie: Peter Janssens / aus: Entfesselt das Wort, 1968 / Rechte Text: frei; Rechte Melodie: Peter Janssens Musik Verlag, Telgte-Westfalen

176 Santo – santo es nuestro Dios

Ps 99,3.5.9; Jes 6,3; Offb 4,8

1. San - to, San - to, San - to, San - to, San - to, San - to es nues - tro
2. Hei - lig, hei - lig, hei - lig, hei - lig, hei - lig, hei - lig un - ser

Dios. Se - ñor de to - da la tier - ra, San - to, San - to es nues - tro
Gott! Herr des Him - mels und der Er - de. Hei - lig, hei - lig un - ser

Dios, San - to, San - to, San - to, San - to, San - to,
Gott! Hei - lig, hei - lig, hei - lig, hei - lig, hei - lig,

San - to es nues - tro Dios, Se - ñor de to - da la his -
hei - lig un - ser Gott! Du bist Herr uns - rer Ge -

to - ria, San - to, San - to es nues - tro Dios.
schich - te, hei - lig, hei - lig un - ser Gott!

Text und Melodie: aus El Salvador; Text deutsch: Dieter Trautwein / Rechte Melodie, Text und Satz: frei; Rechte Text deutsch: Strube Verlag GmbH, München-Berlin

1 Kor 11,26

Deinen Tod, Herr, verkünden wir 177

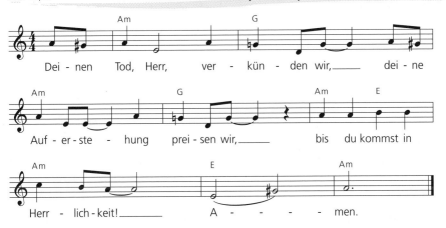

Dei - nen Tod, Herr, ver - kün - den wir,_____ dei - ne
Auf - er - ste - hung prei - sen wir,_____ bis du kommst in
Herr - lich - keit!_____ A - - - - men.

Text: Liturgie / Melodie: Hans Neidhardt / Rechte Text: frei; Rechte Melodie: Hänssler-Verlag, Holzgerlingen

Offb 5,11 – 14

Adoramus te 178

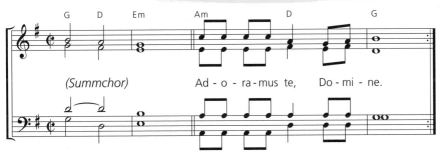

(Summchor) Ad - o - ra - mus te, Do - mi - ne.

Übersetzung
Wir beten dich an, Herr.

Musik: Jacques Berthier / Rechte Text und Musik: Ateliers et Presses Taizé, F-71250 Taizé-Communauté

1 Chr 16,36; Neh 8,6; Offb 1,6; 7,12

Amen 179

Kanon für 4 Stimmen

A - - - men, A - - - men,
A - - - men, A - men, A - men.

Melodie und Satz: Spiritual / Rechte: frei

180 Notre Père

Mt 6,9f.

com - me nous par - don - nons aus - si à
ceux qui nous ont of - fen-sés. Gar - de - nous de la ten - ta - tion
et dé - li - vre - nous du mal. A - - - men.

Text: Mt 6,9 – 13 / Musik: Taizé / Rechte Text: frei; Rechte Musik: Ateliers et Presses Taizé, F-71250 Taizé-Communauté

181 Unser Vater / Vater unser

Mt 6,9f.; 1 Chro 29,11f.

Un - ser Va - ter im Him - mel.   Ge - hei - ligt wer - de dein Na - me.
Va - ter un - ser

Dein   Reich   kom - me.   Dein   Wil - le   ge - sche - he, wie im

Him - mel, so auf Er - den. Un - ser täg - lich - es Brot gib uns

heu - te. Und ver - gib uns un - se - re

Schuld, wie auch wir ver - ge - ben un - sern Schul - di - gern.

Text: Mt 6,9 – 13 (ökumenische Fassung 1968), 1 Chro 29,11 – 13 / Melodie und Satz: Beat Dähler / Rechte Text: frei / Rechte Melodie und Satz: beim Urheber

182 Unser Vater / Vater unser

Mt 6,9f.; 1 Chro 29,11f.

Text: Mt 6,9 – 13 (ökumenische Fassung 1968); 1 Chro 29,11 – 13 / Melodie: Peter Janssens / aus: Wir können nicht schweigen, 1970 / Rechte Text: frei; Rechte Melodie: Peter Janssens Musik Verlag, Telgte-Westfalen

Mt 6,9f.; 1 Chro 29,11f.
Vater unser / Unser Vater 183

Va - ter un - ser im Him - mel.
Un - ser Va - ter im Him - mel. Ge - hei - ligt

wer - de dein Na - me. Dein Reich kom - me. Dein Wil - le

ge - sche - he, wie im Him - mel, so auf Er - den.

Un - ser täg - li - ches Brot gib uns heu - te. Und ver - gib

uns un - sere Schuld, wie auch wir ver - ge - ben un - sern

Schul - di - gern. Und füh - re uns nicht in Ver - su - chung,

son - dern er - lö - se uns von dem Bö - sen.

Denn dein ist das Reich und die Kraft und die

Herr - lich - keit in E - wig - keit. A - men.

Text: Mt 6,9 – 13 (ökumenische Fassung 1968); 1 Chro 29,11 – 13 / Melodie: EGB (1968) 1972 nach einem gregorianischen «Pater noster»

184 Peace I give to you

Ps 4,8; Jes 66,12f.; Joh 14,27

Peace I give to you⎵ my⎵ friends.

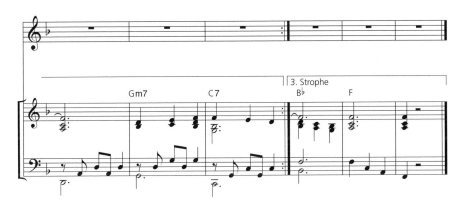

2. Love I give to you …

3. Joy I give to you …

Text: unbekannt / Melodie: Anthony Sharpe, Stephen Dean / Rechte: unbekannt

Übersetzung

1 Ich gebe euch den Frieden, meine Freunde.
Diesen Frieden kennt die Welt noch nicht.
Meinen Frieden gebe ich euch heute, damit ihr ihn teilt.

2 Ich gebe euch die Liebe, meine Freunde.

3 Ich gebe euch die Freude, meine Freunde.

185 Friede sei mit dir

Num 6,25f.; Joh 20,19

Kanon für 4 Stimmen

Frie - de sei mit dir___ und Frie - de sei__ mit mir,

Frie - de mit uns al - len und mit der gan - zen Welt!

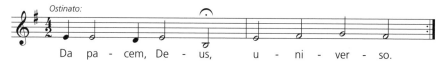

Ostinato:

Da pa - cem, De - us, u - ni - ver - so.

Textunterlegung: SKJB / Originaltext und Melodie: Richard Rudolf Klein (Originaltitel: Läutet, läutet uns zum Frieden) / Rechte: Fidula-Verlag, Boppard/Rhein und Salzburg

186 Schalom chaverim

Lk 10,5; Röm 15,33; 1 Thess 1,1

Auch als Kanon für 2 bis 8 Stimmen (mit auslaufendem Schluss) singbar

Scha - lom cha - ve - rim, scha - lom cha - ve - roth, scha -
Der Frie - de des Herrn ge - lei - te___ euch, scha -

lom, scha - lom, le - hit - ra - ot, le -
lom, scha - lom; der Frie - de des Herrn, ge -

hit - ra - ot, scha - lom, scha - lom.
lei - te___ euch, scha - lom, scha - lom.

Text und Melodie: aus Israel, deutsche Fassung mündlich überliefert / Rechte: frei

Übersetzung
Friede euch Freunden, Friede euch Freundinnen, Friede. Auf Wiedersehn, Friede.

Hinweis: Die Lieder «Schalom chaverim» und «Hilf, Herr meines Lebens» (Nummer 009) können als Quodlibet gleichzeitig gesungen werden. Tonart anpassen.

Lk 24,34.36f.; Kol 3,1f.

Halleluja 187

Hal-le - lu-ja, hal-le - lu-ja, hal-le - lu-ja, hal-le -

lu - ja, *Hal - le - lu - ja* auf-er - stan-den ist der

Herr. 1. Un-ser Herr ist für al - le auf - er - stan-den.
2. Un-ser Herr ist für al - le auf - er - stan-den.

Er lebt in sei - ner Kir - che,
In ihm wird auf - er - ste - hen

gibt den Men-schen sei - nen Frie-den. Hal-le -
je - der Mensch von die - ser Er - de. Hal-le -

Herr. Hal - le - lu - ja.

Text und Melodie: Genrosso, Zappala, Mancuso / Rechte: Verlag Neue Stadt, München

188 Friede sei mit euch

Jes 61,1; Lk 4,17f.; Joh 20,21

Gleichwie mich mein Vater gesandt hat

Zwei Chöre im Kanon

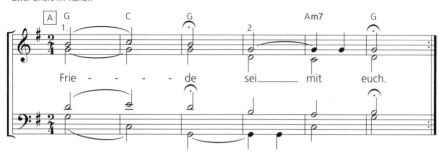

Frie - - - - de sei___ mit euch.

Gemeinde im Kanon

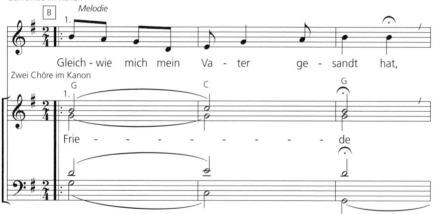

Gleich - wie mich mein Va - ter ge - sandt hat,

Zwei Chöre im Kanon

Frie - - - - - - - - de

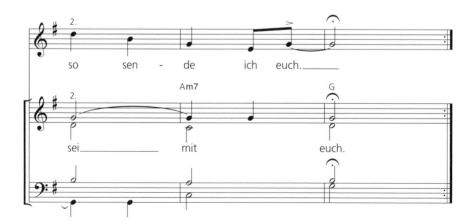

so sen - de ich euch.___

sei___ mit euch.

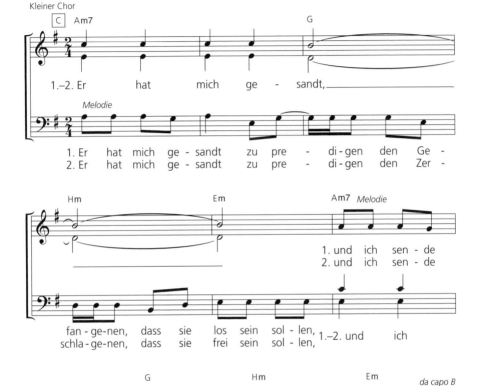

Text: Johannes 20,21 (Kv); Lukas 4,18 (Str.) / Melodie und Satz: Paul Ernst Ruppel / Rechte Text: frei; Rechte Melodie und Satz: Carus-Verlag, Stuttgart

189 Kyrie

Herr, erbarme dich.
Christus, erbarme dich.
Herr, erbarme dich.

190 Gloria

Ehre sei Gott in der Höhe
und Friede auf Erden den Menschen seiner Gnade.
Wir loben dich, wir preisen dich,
wir beten dich an.
Wir rühmen dich und danken dir,
denn gross ist deine Herrlichkeit:
Herr und Gott, König des Himmels,
Gott und Vater, Herrscher über das All.
Herr, eingeborener Sohn, Jesus Christus.
Herr und Gott, Lamm Gottes, Sohn des Vaters,
du nimmst hinweg die Sünde der Welt:
erbarme dich unser;
du nimmst hinweg die Sünde der Welt:
nimm an unser Gebet;
du sitzest zur Rechten des Vaters:
erbarme dich unser.
Denn du allein bist der Heilige,
du allein der Herr,
du allein der Höchste:
Jesus Christus,
mit dem Heiligen Geist,
zur Ehre Gottes des Vaters. Amen.

191 Credo

Ich glaube an Gott,
den Vater, den Allmächtigen,
den Schöpfer des Himmels und der Erde.

Und an Jesus Christus,
seinen eingeborenen Sohn, unsern Herrn,
empfangen durch den Heiligen Geist,
geboren von der Jungfrau Maria,
gelitten unter Pontius Pilatus,
gekreuzigt, gestorben und begraben,
hinabgestiegen in das Reich des Todes,
am dritten Tage auferstanden von den Toten,
aufgefahren in den Himmel;
er sitzt zur Rechten Gottes,
des allmächtigen Vaters;
von dort wird er kommen, zu richten die
Lebenden und die Toten.

Ich glaube an den Heiligen Geist,
die heilige, allgemeine*, christliche Kirche,
Gemeinschaft der Heiligen,
Vergebung der Sünden,
Auferstehung der Toten
und das ewige Leben.
Amen.

* Das griechische Wort für «allgemein» heisst «katholike»

192 Sanctus

Heilig, heilig, heilig,
Gott, Herr aller Mächte und Gewalten.
Erfüllt sind Himmel und Erde
von deiner Herrlichkeit.
Hosanna in der Höhe.
Hochgelobt sei, der da kommt
im Namen des Herrn.
Hosanna in der Höhe.

193 Abendmahl

Denn ich habe vom Herrn empfangen, was
ich euch dann überliefert habe: Jesus, der
Herr, nahm in der Nacht, in der er ausgelie-
fert wurde, Brot, sprach das Dankgebet,
brach das Brot und sagte: Das ist mein Leib
für euch. Tut dies zu meinem Gedächtnis!
Ebenso nahm er nach dem Mahl den Kelch
und sprach: Dieser Kelch ist der neue Bund
in meinem Blut. Tut dies, sooft ihr daraus
trinkt, zu meinem Gedächtnis.

1. Korintherbrief 11,23–25

194 Geheimnis des Glaubens

Deinen Tod, o Herr, verkünden wir
und deine Auferstehung preisen wir,
bis du kommst in Herrlichkeit.

195 Unser Vater
Vater unser

Unser Vater/Vater unser im Himmel,
Geheiligt werde dein Name.
Dein Reich komme.
Dein Wille geschehe,
wie im Himmel, so auf Erden.
Unser tägliches Brot gib uns heute.
Und vergib uns unsere Schuld,
wie auch wir vergeben
unseren Schuldigern.
Und führe uns nicht in Versuchung,
sondern erlöse uns von dem Bösen.
Denn dein ist das Reich
und die Kraft
und die Herrlichkeit
in Ewigkeit.
Amen.

Matthäus 6,9 – 13

196 Agnus dei

Lamm Gottes, du nimmst
hinweg die Sünde der Welt:
erbarme dich unser.
Lamm Gottes, du nimmst
hinweg die Sünde der Welt:
Gib uns deinen Frieden.

197 Segen

Es segne und behüte uns Gott, der Allmächtige,
der Vater und der Sohn und der Heilige Geist.

Der Herr segne dich und behüte dich.
Der Herr lasse sein Angesicht leuchten über dir und sei dir gnädig.
Der Herr erhebe sein Angesicht auf dich und gebe dir Frieden.

Num 6,24 – 26

198 Stille lass mich finden

Ps 131; Mt 11,29; Joh 14,27

Vorspiel

Kehrvers

Stil - le lass mich fin - den, Gott, bei— dir.

A - tem ho - len will ich, aus-ruhn— hier. Vol-ler

Un - rast ist das Herz in mir, bis es

Frie - den fin - det, Gott, in dir, bis es

Frie - den fin - det, Gott, in dir.

ras - ten.
Oh - ren.

Will ver-ges-sen, was die Au - gen, was die
Will ver-ges-sen mei-ne Sor - gen: was ist

Asus4   A   G   F#m

Sin - ne ü - ber - flu - tet,
heut und was wird mor - gen?

die - se Gier: das muss ich
Ich bin ja bei dir ge -

Em   Hm   Hm7

se - hen.
bor - gen,

Ru - hen sol-len mei - ne Au - gen.
du wirst all-zeit für mich sor - gen.

Kv
Kv

F#m7   G9   Em9   Asus4   3

Text: Lothar Zenetti / Melodie und Satz: Peter Reulein / Rechte: Strube Verlag GmbH, München-Berlin

199 It's me, oh Lord

Lk 10,37b; 1 Tim 6,11f.

Kehrvers

It's me, it's me, it's me, oh Lord,— stand-ing in the need of prayer.

— It's me, it's me, it's me, oh Lord,— stand-ing in the

need of prayer.———

Strophen

1. Not my bro-ther, nor my sis-ter, but it's
2. Not the pa-stor, nor the dea-con, but it's
3. Not my fa-ther, nor my mo-ther, but it's
4. Not the stran-ger, nor my neigh-bour, but it's

uh———

Text und Melodie: Spiritual USA / Satz: Robert Fricker / Rechte Text und Melodie: frei; Rechte Satz: Verlag Schweizer Singbuch Oberstufe

Übersetzung

Kv Ich bin es, Gott. Ich brauche ein Gebet und deine Fürsprache.
1 Es ist weder mein Bruder noch meine Schwester, sondern ich bin es.
2 Es ist weder der Priester noch der Diakon, sondern ich bin es.
3 Es ist weder mein Vater noch meine Mutter, sondern ich bin es.
4 Es ist weder ein Fremder noch mein Nachbar, sondern ich bin es.

200 Laudate Dominum

Ps 117

Lau - da - te Do - mi - num, lau - da - te

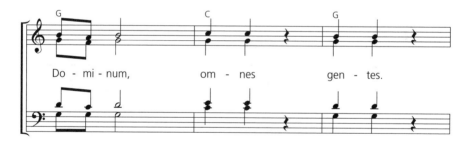

Do - mi - num, om - nes gen - tes.

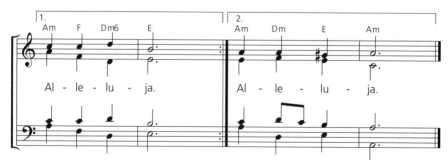

Al - le - lu - ja. Al - le - lu - ja.

Text: Ps 117,1 / Musik: Jacques Berthier / Rechte Text: frei; Rechte Musik: Ateliers et Presses Taizé, F-71250 Taizé-Communauté

Übersetzung
Lobet den Herrn, alle Völker.

Ps 103; 146,1; Jes 61,10; Lk 1,46

Bless the Lord, my soul 201

1. Bless the Lord, my soul, and bless God's ho - ly name._____
2. Prijs de Heer mijn ziel, en prijs zijn heil' - ge naam._____
3. Kii - da Is - san - dat ja ū - lis - ta mu hing._____
4. Wiel - bić Pa - na chcę, ra - dos - ną śpie-wać pieśń._____
5. Bla - go - slov - ljen Bog, i pre - sve - to mu i - me.
6. Ten - go sed de ti, oh fuen - te del a - mor._____
7. Jo tinc set de tu, tinc set del teu a - mor._____
8. Kun - gam pa - tei - cos: sirds Vi - ną prie - ku rod._____
9. Daj nam mir, Go - spod, raz - sve - tli nam sr - ce._____
10. Šlo - vink Vieš - pa - ti, ir šven - tą var - dą Jo._____

1. Bless the Lord, my soul, who leads me in - to life.
2. Prijs de Heer mijn ziel, die mij het le - ven geeft.
3. Kii - da Is - san - dat ta lu - nas - ta - nud mind.
4. Wiel - bić Pa - na chcę, On źród - tem ży - cia jest.
5. Bla - go - slov - ljen Bog, on ži - vot da - ru - je.
6. Ten - go sed de ti: tu a - mor es li - ber - tad.
7. Jo tinc set de tu, oh font de lli - ber - tat.
8. Kun - gam pa - tei - cos par vi - su, ko Vinš dod.
9. Daj nam mir, Go - spod, raz - ja - sni svoj o - braz.
10. Ma - no sie - lai Jis gy - vy - bę am-žiams duos.

Musik: Jacques Berthier / Rechte Text: frei; Rechte Musik: Ateliers et Presses Taizé, F-71250 Taizé-Communauté

Übersetzung

Preise den Herrn, meine Seele, und preise seinen Namen; er führt mich in das Leben.

202 Laudate omnes gentes

Ps 117

Lau - da - te om - nes gen - tes,
lau - da - te Do - mi - num.
Lau - da - te om - nes gen - tes,
lau - da - te Do - mi - num.

Lob - singt, ihr Völ - ker al - le,
lob - singt und preist den Herrn.
Lob - singt, ihr Völ - ker al - le,
lob - singt und preist den Herrn.

Text: Ps 117,1 / Musik: Jacques Berthier / Rechte Text: frei; Rechte Musik: Ateliers et Presses Taizé, F-71250 Taizé-Communauté

Ps 104; 146,1; Jes 61,10; Lk 1,46

Sanctum nomen Domini 203

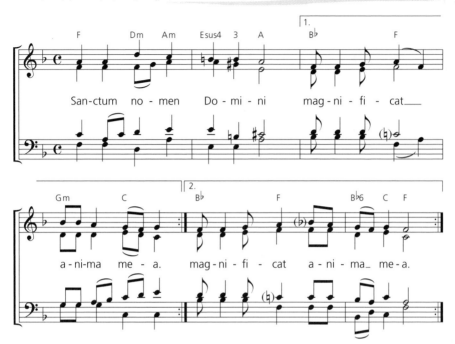

San-ctum no - men Do - mi - ni mag - ni - fi - cat___

a - ni-ma me - a. mag - ni - fi - cat a - ni - ma_ me-a.

Musik: Jacques Berthier / Rechte Text: frei; Rechte Musik: Ateliers et Presses Taizé, F-71250 Taizé-Communauté

Übersetzung

Meine Seele preist den heiligen Namen des Herrn.

204 Bleibet hier und wachet mit mir
Mk 14,34; Lk 22,40; Mt 26,38b, 41

Blei - bet hier und wa-chet mit mir! Wa - chet und

be - tet, wa - chet und be - - - tet!

Text: nach Mk 14,34 / Musik: Jacques Berthier / Rechte Text: frei; Rechte Musik: Ateliers et Presses Taizé, F-71250
Taizé-Communauté

205 Danos un corazón
Ez 36,25f.; Jer 31,31f.; 2 Kor 3,3f.

Kanon für 2 Stimmen

Da - nos un co-ra - zón gran - de pa-ra a - mar.

Da - nos un co-ra - zón fuer - te pa-ra lu - char.

Text und Melodie: Juan Antonio Espinosa; Hombres Nuevos / Rechte Text und Melodie: Juan Antonio Espinosa

Übersetzung
Gib uns ein Herz, gross für die Liebe, stark im Kampf.

Koh 3,1f.; 11,8   # Schenk uns Zeit 206

Swing

Kehrvers (Einzelne/Alle)

Schenk uns Zeit!____   Schenk uns Zeit,_____

uns Zeit,____

Zeit____ aus____ dei - ner   E - wig-keit!____

Strophen

1. Zeit____ zum Neh - men,   Zeit zum Ge - ben,
2. Zeit____ zum Trin - ken,   Zeit zum Es - sen,
3. Zeit____ zum Be - ten,   Zeit zum Kla - gen,

Zeit____ zum Mit - ei - nan - der le - ben.____ *Kv*
Zeit,____ um kei - nen zu ver - ges - sen.____ *Kv*
Zeit,____ dir, Gott, auch Dank zu sa - gen.____ *Kv*

Text: Rolf Krenzer/ Melodie: Roberto Confucio/Rechte: Strube Verlag GmbH, München-Berlin

207 Salvator mundi

Lk 2,11; Joh 4,42; 1 Joh 4,14

Kanon für 4 Stimmen

Sal - va-tor mun-di sal - va nos. Sal - va-tor mun-di sal - va_ nos.

Sal - va nos, sal - va nos. Sal - va-tor mun-di sal - va nos.

Begleitkanon

Sal - va - tor mun - di, sal - va_ nos, sal - va_ nos!

Sal - va - tor mun - di, li - be - ra-sti nos, li - be - ra - sti nos!

Klavierpattern

Musik: Jacques Berthier / Rechte Text: frei, Rechte Musik: Ateliers et Presses Taizé, F-71250 Taizé-Communauté

Übersetzung
Retter der Welt, rette uns, du hast uns ja befreit.

Ubi caritas 208

U - bi ca - ri - tas et a - - - mor,____

u - bi ca - ri - tas, De - us i - bi est.

U - bi ca - ri - tas____ et a - - - mor,____

Melodie

u - bi ca - ri - tas,____ De - us i - bi est.

Text: altkirchlich/Musik: Jacques Berthier/Rechte Text: frei; Rechte Musik: Ateliers et Presses Taizé, F-71250 Taizé-Communauté

Übersetzung
Wo Güte ist und Liebe, da ist Gott.

209 Jésus le Christ

Joh 1,5f.; 8,12; 9,5

Jé - sus le Christ, lu-mière in - té - rieu - re, ne lais-se
Chris-tus, dein Licht ver-klärt uns - re Schat-ten, las - se nicht

pas mes té - nè-bres me par - ler. Jé - sus le Christ, lu - mière in - té -
zu, dass das Dun-kel zu uns spricht. Chris-tus, dein Licht er-strahlt auf der

rieu - re, don - ne - moi d'ac-cueil - lir ton a - mour.
Er - de, und du sagst uns: Auch ihr seid das Licht.

Text: Taizé / Musik: Jacques Berthier / Rechte Text und Musik: Ateliers et Presses Taizé, F-71250 Taizé-Communauté

Lk 23,42

Jesus, remember me 210

Text: Lk 23,42 / Musik: Jacques Berthier / Rechte Text: frei; Rechte Musik: Ateliers et Presses Taizé, F-71250 Taizé-Communauté

Übersetzung
Jesus, denk an mich, wenn du in dein Reich kommst. (Englisch)
Vater, durch deine Güte kann ich mich als deinen Sohn ansehen. (Spanisch)

211 Herr, sende dein Licht und deine Wahrheit

Ps 18

Einzelne/Alle

Herr, sen-de dein Licht und____ dei-ne Wahr - heit, da -

mit sie mich lei - ten, mit sie mich lei - ten.

Text: nach Psalm 18 / Melodie: Johannes Falk / Rechte Text: frei; Rechte Melodie: beim Urheber

212 Wo das Reden Mut verlangt

Mk 13,11; Lk 21,12f.; Apg 19,29f.

1. Wo das Re - den Mut ver - langt,____
   Wo man dein Ge - setz ver-drängt,____
2. Wo man Men - schen - recht zer - stört,____
   Wo man laut nach Ra - che schreit,____

wo uns vor dem Schwei - gen bangt,____
sich an eig - ne Göt - ter hängt,____
lei - se Stim - men nicht mehr hört,____
wo man Un - recht nicht ver - zeiht,____

dort gib, Gott, uns dei - ne Kraft,____
gib uns Mut zum Wi - der - spruch,____
dort tu uns - re Sin - ne auf,____
dort hilf uns ver - söh - nen, Gott,____

dei - ne Lie - be stärkt uns.____
dei - ne Lie - be trägt uns.____
dei - ne Lie - be führt uns.____
dei - ne Lie - be heilt uns.____

Refrain

Got-tes Lie - be wa - gen, sei - ne Hoff - nung

tra - gen,____ un-sern Weg ent - schie - den und mit

Freu - de gehn,____ ü - ber man - chen

Tod hin neu - es Le - ben sehn.

3. Wo wir nur uns selber sehn,
   blind am Leid vorübergehn,
   brich in unsre Sattheit ein,
   deine Liebe trifft uns.
   Wo wir träge abseits stehn,
   unser Ackerfeld nicht sehn,
   zeig' uns, wo wir nötig sind,
   deine Liebe heilt uns. *Rfr*

4. Wo die Grenzen eisern stehn,
   wo wir hinter Gittern gehn,
   dort zeig' du, wo Freiheit ist,
   deine Liebe löst uns.
   Wo wir ohne Hoffnung sind,
   wo das Leben uns zerrinnt,
   dort zeig' du uns einen Weg,
   deine Liebe hält uns. *Rfr*

Text, Melodie und Rechte: Kathi Stimmer-Salzeder / Text und Rechte Text 3. und 4. Strophe: Pater Ruppert Mayer

Hinweis: Pater Ruppert Mayer S.J. (1876 – 1945) trat in der Zeit des Nationalsozialismus unerschrocken für Gottes Recht ein.

213 Die Zeit färben

Ps 16,11; Joh 10,10; 2 Kor 5,17

Kanon für 4 Stimmen

Die Zeit mit Him-mels - far - ben fär-ben, vom Le-ben sin - gen

noch im Ster - ben. Dem All-tags-grau kein Recht_ ein - räu-men,

statt schwarz zu se - hen__ bunt zu träu - men. Vom

Re - gen - bo - gen Tö - ne pflü - cken und

ma - le - risch die Er - de schmü-cken. Die

Zeit fär - ben, das Spek-trum er - ken - nen, sich

ein - zu - mi-schen und Far - be be - ken - nen.

Ostinato

Mit Mut zu neu-en We - gen die Zeit fär-ben zum Se - gen.

Text: Eugen Eckert / Melodie: Peter Reulein / Rechte: Strube Verlag GmbH, München-Berlin

Jes 58,6f.; Mk 10,42; 1 Joh 4,13   # Dein Augenblick kann heilen 214

Kehrvers (nach der 3. Strophe als Kanon für 2 Stimmen)

Dein Au-gen-blick kann hei - len, nur mit dem
Her - zen sieht man gut,___ da, wo die Men - schen
tei - len, ist Got-tes Hand, die Wun - der tut.___

Sprechgesang

1. Aus - satz ist noch lan - ge nicht ge-heilt; ge -
2. Aus - satz ist noch lan - ge nicht ge-heilt; ver -
3. Aus - satz ist noch lan - ge nicht ge-heilt; ge -

Basis-Rhythmus-Vorschlag I + II (nur für die Verse)

I

instr. oder vokal

II

quält, ver - prellt und kalt - ge - stellt, der Mensch wird wür - de - los
kannt, ge - bannt und oh - ne Land der Mensch, ein Frem - der oh-
hetzt, ver - letzt und aus - ge - setzt, der Mensch, er lei - det, fühlt

*simile ***

*Rhythmus beruhigt
auf langsame 4/4*   Kv

ge - schun - den, Gleich - gül - tig - keit schlägt tie - fe Wun - den: *Kv*
ne Rech - te, weil ihn der eig - ne Bru - der knech - tet: *Kv*
sich ein - sam und kann doch Mensch sein nur ge - mein - sam: *Kv*

* Die Verse können dem Sprachrhythmus entsprechend frei gestaltet werden.

Text: Helmut Schlegel / Melodie: Winfried Heurich / Rechte: Strube Verlag GmbH, München-Berlin

215 Quer gelegt und krumm gemacht

Mk 2,1f.; 6,30f.; 15; Mt 9

1. Quer ge - legt___ und krumm ge - macht,___
2. Leid be - merkt___ und Not ge - sehn,___
3. In Be - we - gung, en - ga - giert,___

da - bei nie___ an dich ge - dacht,___
nie - mand blieb___ al - lei - ne stehn,___
oft spon - tan___ und un - ge - niert,___

ein - ge - schrit - ten und ent - larvt,___
Schuld ver - ge - ben und ge - heilt,___
al - te Re - geln neu ge - dacht,___

stets kon - kret___ und un - be - darft,___
reich be - schenkt___ und aus - ge - teilt,___
auch ver - mut - lich 'mal ge - lacht,___

dich hat man ans Kreuz ge - hängt,___
dich hat man aufs Kreuz ge - legt,___
dich hat man aufs Kreuz ge - presst,___

Gott, im Kin - de uns ge - schenkt,___
Gott, der un - ser Le - ben trägt,___
Gott, der sich nicht re - geln lässt,___

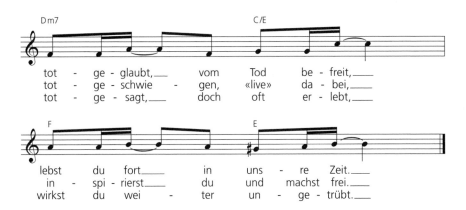

tot - ge - glaubt,___ vom Tod be - freit,___
tot - ge - schwie - gen, «live» da - bei,___
tot - ge - sagt,___ doch oft er - lebt,___

lebst du fort___ in uns - re Zeit.___
in - spi - rierst___ du und machst frei.___
wirkst du wei - ter un - ge - trübt.___

Text, Melodie und Rechte: Dietmar Fischenich

Ps 119,59; Spr 20,24; Lk 1,79

Lass uns in deinem Namen 216

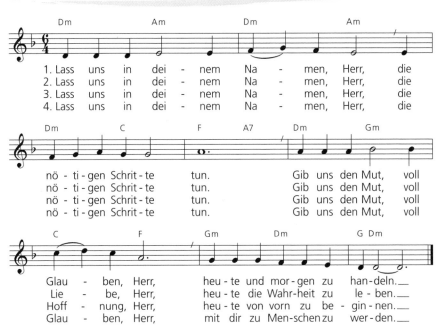

1. Lass uns in dei - nem Na - men, Herr, die
2. Lass uns in dei - nem Na - men, Herr, die
3. Lass uns in dei - nem Na - men, Herr, die
4. Lass uns in dei - nem Na - men, Herr, die

nö - ti - gen Schrit - te tun. Gib uns den Mut, voll
nö - ti - gen Schrit - te tun. Gib uns den Mut, voll
nö - ti - gen Schrit - te tun. Gib uns den Mut, voll
nö - ti - gen Schrit - te tun. Gib uns den Mut, voll

Glau - ben, Herr, heu - te und mor - gen zu han - deln.___
Lie - be, Herr, heu - te die Wahr - heit zu le - ben.___
Hoff - nung, Herr, heu - te von vorn zu be - gin - nen.___
Glau - ben, Herr, mit dir zu Men - schen zu wer - den.___

Text und Melodie: Kurt Rommel / Rechte: Strube Verlag GmbH, München-Berlin

217 Wir suchen nach Freude

Mt 5,9; Röm 12,18; Gal 5,22

1. Wir su-chen nach Freu - de,___ wir wün-schen uns Glück, wir
2. Wir ha-ben I - de - en,___ wir ha - ben ein Ziel, aus

wol - len Voll - en - dung___ Stück___ für Stück. Wir
Glau - be und Lie - be___ ver - mö-gen wir viel. Wir

möch-ten___ die Welt ver - bin-den, uns ü - ber___ die Gren-zen fin-den,
möch-ten___ den Völ-kern sa-gen, sie sol-len___ Ver - söh-nung wa-gen,

Refrain

Gros - ses schaf-fen aus un-serm Geist. Lasst uns zu -
Gros - ses schaf-fen mit un-serm Wort.

erst Frie - den ma-chen mit uns sel - ber, denn der

gros - se Frie - de braucht den klei - nen An - fang. Lasst uns zu -

erst Frie - den ma-chen, wo wir ste - hen und wir

spü - ren,___ wie gross der klei - ne Frie - de ist.

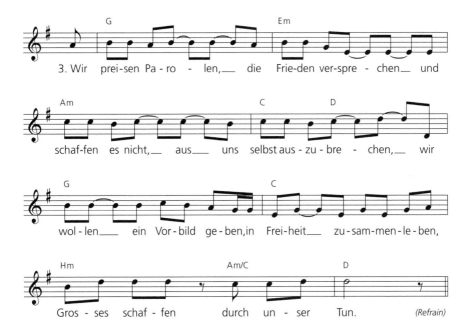

3. Wir prei-sen Pa-ro-len,— die Frie-den ver-spre-chen— und
schaf-fen es nicht,— aus— uns selbst aus-zu-bre-chen,— wir
wol-len— ein Vor-bild ge-ben, in Frei-heit— zu-sam-men-le-ben,
Gros-ses schaf-fen durch un-ser Tun. *(Refrain)*

Text, Melodie und Rechte: Kathi Stimmer-Salzeder

218 How many roads

Ps 13,1; 79,5; 89,47; Hab 1,3

Blowin' in the wind

1. How ma-ny roads must a man walk down be-fore you call him a
2. How ma-ny years can a moun-tain ex - ist be-fore it is washed to the
3. How ma-ny times must a man look up be-fore he can see the

man?_____ How ma-ny seas must a white dove sail be -
sea?_____ How ma-ny years can some peo-ple ex - ist be -
sky?_____ How ma-ny ears must one man_____ have be -

fore_____ she sleeps in the sand?_____ How ma-ny times must the
fore they're al-lowed to be free?_____ How ma-ny times can a
fore he can hear peo-ple cry?_____ How ma-ny deaths will it

can-on-balls fly be-fore they're for-ev-er banned?_____
man turn his head pre-tend-ing he just doe-sn't see?_____
take 'till he knows that too ma-ny peo-ple have died?_____

Refrain

The ans - wer, my friend, is blow-ing in the wind, the

ans - wer is blow-ing in the wind._____

Deutsche Fassung

1 Wie viele Strassen auf dieser Welt sind Strassen voll Tränen und Leid? Wie viele Meere auf dieser Welt sind Meere der Traurigkeit? Wie viele Mütter sind lang schon allein und warten und warten noch heut? Die Antwort, mein Freund, weiss ganz allein der Wind, die Antwort weiss ganz allein der Wind.

2 Wie viele Menschen sind heut noch nicht frei und würden es so gerne sein? Wie viele Kinder geh'n abends zur Ruh und schlafen vor Hunger nicht ein? Wie viele Träume erflehen bei Nacht: Wann wird es für uns anders sein? Die Antwort, mein Freund, weiss ganz allein der Wind, die Antwort weiss ganz allein der Wind.

1 Sam 2,1; Lk 1,51; Kol 3,1f.

Das könnte den Herren 219

Ein anderes Osterlied

1. Das könn - te den Her - ren der Welt ja so
2. Das könn - te den Her - ren der Welt ja so
3. Doch ist der Be - frei - er vom Tod auf - er -

pas - sen, wenn erst nach dem To - de Ge -
pas - sen, wenn hier auf der Er - de stets
stan - den, ist schon auf - er - stan - den und

rech - tig - keit kä - me; erst dann die Herr - schaft der
al - les so blie - be; wenn hier die Herr - schaft der
ruft uns jetzt al - le zur Auf - er - ste - hung auf

Her - ren, erst dann die Knecht - schaft der
Her - ren, wenn hier die Knecht - schaft der
Er - den, zum Auf - stand ge - gen die

Knech - te ver - ges - sen wä - re für
Knech - te so wei - ter - gin - ge wie
Her - ren, die mit dem Tod uns re -

im - mer, ver - ges - sen wä - re für im - mer.
im - mer, so wei - ter - gin - ge wie im - mer.
gie - ren, die mit dem Tod uns re - gie - ren.

Text: Kurt Marti / Musik: Peter Janssens / aus: Wir können nicht schweigen, 1970 / Rechte: Peter Janssens Musik
Verlag, Telgte-Westfalen

220 Der Gewalt gewaltlos widerstehn

Lev 19,34; Mt 5,5; 5,38f.;
Lk 10,25f.

Kanon für 5 Stimmen

Der Ge - walt ge - walt - los wi - der - stehn. Auch im

frem - den Men - schen mei - nen Nächs - ten sehn:

Le - ben ret - ten, Reich - tum tei - len, Hei - mat ge - ben,

Gott im schwar - zen, gel - ben, weis - sen Freund er - le - ben.

Der Ge - walt ge - walt - los wi - der - stehn.

Text: Eugen Eckert / Melodie: Fritz Baltruweit / Rechte Text: Strube Verlag GmbH, München-Berlin; Rechte
Melodie: tvd-Verlag, Düsseldorf

Mt 5,14f.

Ihr seid das Salz dieser Erde 221

Kehrvers

Ihr seid das, ihr seid das Salz die - ser Er - de,
Wir sind das, wir sind das Salz die - ser Er - de,

ihr seid das, ihr seid das Salz die - ser Welt.
wir sind das, wir sind das Salz die - ser Welt.

Strophen

1. Salz in ei - ner Wun - de brennt, tut ganz schön weh___
2. Men - schen oh - ne Ar - beit füh - len sich oft leer,___
3. Men - schen oh - ne Hei - mat ken - nen sich nicht aus,___

und es dau - ert Stun - den, eh' der Schmerz ver - geht.___
ha - ben an der «Frei - zeit» kei - ne Freu - de mehr.___
su - chen hier bei uns___ Rat und auch ein Zu - haus.___

Wun - de Punk - te heu - te, hier in die - ser Welt,___
Wie auf Ab - stell - glei - sen lässt man sie al - lein___
Doch wir las - sen kei - nen mehr zu uns he - rein,___

gibt es, lie - be Leu - te, mehr als uns ge - fällt.___ *Kv*
und lässt sie ver - wai - sen, da muss Salz hi - nein.___ *Kv*
glei - chen har - ten Stei - nen, da muss Salz hi - nein.___ *Kv*

4. Schau, wir konsumieren, schmeissen alles weg, und wir produzieren Dreck und nochmals Dreck. Schon das Wort «entsorgen» spricht uns scheinbar frei, doch wer denkt an morgen? Da muss Salz hinein. *Kv*

5. Jesus will uns wecken, sitzt uns im Genick, will, dass wir anecken und schärft uns den Blick, legt in offne Fragen seine Finger rein, will, dass wir es wagen, endlich Salz zu sein. *Kv*

Text, Melodie und Rechte: Clemens Bittlinger

222 Wir sind zusammen unterwegs

Ps 62,6; 71,5; 146,5

Kanon für 4 Stimmen in 8 Sprachen
2. Fassung in allen Schweizer Landessprachen

1. Wir sind zu - sam-men un - ter-wegs,___ est - a - mos ca - mi-nan-
   Wir sind zu - sam-men un - ter-wegs,___ ge-mein-sam in die Zu-

2. ___ do, sur un chemin d'es - pé-rance,___ al - ways on the
   ___ kunft, sur un chemin d'es - pé-rance___ pour le monde en -

3. road, hoop-vol on - der - weg,___ z Bo - giem, bem -
   tier, nel - la lu - ce ve - ra, del sig - nor, bain -

4. vin - do a to - dos,___ for å føl - ge med. Wir sind zu -
   ve - gni a vus tuts, che cha - mi - nais cun nus. Wir sind zu -

Text: Manfred Kollig / Melodie: Dietmar Fischenich / Rechte: Strube Verlag GmbH, München-Berlin

Übersetzung

Wir sind zusammen unterwegs, wir sind auf dem Weg, einem Weg der Hoffnung. Wir sind immer auf dem Weg, voller Hoffnung, mit Gott. Willkommen alle, die mit uns gehen wollen.

Ps 139,12; Weis 18,14f.; Mt 4,16   # Weil Gott in tiefster Nacht 223

4. Nimm an des Christus Freundlichkeit, trag seinen Frieden in die Zeit. *Kv*

5. Schreckt dich der Menschen Widerstand, bleib ihnen dennoch zugewandt. *Kv*

Kehrvers nach der 5. Strophe

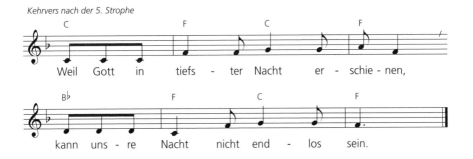

Text und Melodie: Dieter Trautwein / Rechte: Strube Verlag GmbH, München-Berlin

224 Menschenkind, im Stall geboren

Röm 8,21; 2 Kor 8,9; Phil 2,6

1. Men-schen-kind, im Stall ge - bo - ren, in die Ängs - te
2. Hö - re, die Ge - schöp - fe seuf - zen, Bäu-me, Flüs - se,
3. Je - sus Chris-tus, arm ge - bo - ren, arm ge - blie - ben
4. Wenn wir uns - re Er - de wie-gen, wie dich, Men-schen -

ei - ner Nacht,___ aus - ge - lie - fert, an - ge - wie - sen,
Mensch und Tier,___ beu-gen sich und wer - den Op - fer
bis zum Tod,___ we - cke in uns dei - ne Lie - be,
kind im Stall,___ wer-den die Ge - schöp - fe jauch-zen,

mach uns frei von Stolz und Macht; _____ aus - ge - lie - fert,
ei - ner un - ge - still - ten Gier; _____ beu - gen sich und
tei - le mit und durch uns Brot; _____ we - cke in uns
Frei - heit at - men Welt und All; _____ wer - den die Ge -

an - ge - wie - sen, mach uns frei von Stolz und Macht. _____
wer - den Op - fer ei - ner un - ge - still - ten Gier. _____
dei - ne Lie - be, tei - le mit und durch uns Brot. _____
schöp - fe jauch - zen, Frei - heit at - men Welt und All. _____

Text: Eugen Eckert / Melodie: Winfried Heurich / Rechte: Studio Union im Lahn Verlag, Kevelaer

225 Allí viene Jesucristo

Jes 11,1; Lk 2,1f.

1. Al - lí vie - ne Je-su-chris-to con sus vo - ces de - cri - stal. Al-um-
2. Del ár - bol na-ció la ra - ma de la ra - ma na-ció la flor, de la

bran - do a to-do el mun - do con su ray - o ce - le - stial.
flor na-ció Ma - rí - a de Ma - rí - a el Re-den - tor.

A-le-lu - ya, A-le-lu - ya, en el dí - a de Ma-rí - a.

A-le-lu-ya, A-le-lu-ya, en el dí-a de Ma-rí - a.

Rhythmusbegleitung

Text und Melodie: aus Bolivien / Rechte: frei

Übersetzung

1 Heute kommt Jesus Christus mit seiner glockenhellen Stimme und erleuchtet die ganze Welt mit seinem himmlischen Glanz. Alleluja, heute ist Mariens Tag.

2 Am Baum spriesst der Zweig, am Zweig spriesst die Blume, von der Blume spriesst Maria und aus ihr der Erlöser. Alleluja, heute ist Mariens Tag.

Mt 2,1f.

Stern über Betlehem 226

1. Stern ü - ber Bet - le - hem, zeig uns den Weg,_____
führ uns zur Krip - pe hin, zeig, wo sie steht,_____
leuch - te du uns vo - ran, bis wir dort sind,_____
Stern ü - ber Bet - le - hem, führ uns zum Kind._____

2. Stern ü - ber Bet - le - hem, nun bleibst du stehn_____
und lässt uns al - le das Wun - der hier sehn,_____
das da ge - sche-hen, was nie-mand ge-dacht,_____
Stern ü - ber Bet - le - hem, in die - ser Nacht._____

3. Stern ü - ber Bet - le - hem, wir sind am Ziel,_____
denn die - ser ar - me Stall birgt doch so viel!_____
Du hast uns her - ge-führt, wir dan - ken dir._____
Stern ü - ber Bet - le - hem, wir blei - ben hier!_____

4. Stern ü - ber Bet - le - hem, kehrn wir zu - rück,_____
steht noch dein hel - ler Schein in un - serm Blick,_____
und was uns froh ge-macht, tei - len wir aus,_____
Stern ü - ber Bet - le - hem, schein auch zu Haus._____

Text und Melodie: Alfred Hans Zoller / Rechte: Gustav Bosse Verlag, Kassel

227 Wir suchen dich, Gott

Ps 63,2f.; Mt 2,1f.

1. Wir su - chen dich, Gott, doch wir fin - den dich nicht. Wie—
2. Wir fürch - ten uns sehr, uns - re Ohn-macht nimmt zu. Krieg und
3. Zeig du uns den Weg aus dem Dun - kel zum Licht. Sen - de

fern bist du un - se - rer Zeit. Wir— möch-ten dich sehn und nach
Ter - ror re - giert uns - re Welt. Wir— möch-ten dich sehn und zur
du dei - nen gött - li - chen Schein, dass die Furcht uns ver - geht und ein

Bet - le - hem gehn, doch der Weg— dort - hin ist zu weit.
Krip - pe hin - gehn, doch der Stern ü - ber Bet - le - hem fehlt.
je - der ge - steht: Von— dir kommt uns Hil - fe al - lein.

Text: Eva-Maria Zeltner Tobler / Melodie: Robert Tobler / Rechte Text und Melodie: TVZ

Ps 65; Lk 2,1f.

Feliz Navidad 228

Fe - liz Na-vi - dad,   Fe - liz Na-vi - dad,

Fe - liz Na-vi - dad. Pros-pe-ro a - ño y fe - li - ci - dad.

I want to wish you a Mer - ry Christ - mas,

I want to wish you a Mer - ry Christ - mas,

I want to wish you a Mer - ry Christ - mas, from the

bot - tom of my heart.

Text und Melodie: José Feliciano / Rechte: Global Musikverlag, München

Übersetzung
Fröhliche Weihnacht. Ein ertragreiches Jahr und Freude.
Ich möchte dir frohe Weihnachten wünschen, aus der Tiefe meines Herzens.

229 Ein Funke aus Stein geschlagen

Am 5,8; Mt 5,16; Eph 2,10

Vor- und Zwischenspiel
zärtlich

Strophen

1. Ein
2.
3. Ein

Fun - ke aus Stein___ ge - schla - gen wird
Glut___ in Was-sern ge - sun - ken wird
La - chen in dei - nen Au - gen ver -

Feu - er in kal - ter Nacht.___ Ein Stern vom Him-mel ge - fal -
Glanz___ in spie-geln-der Flut.___ Ein Strahl durch Wol-ken ge-drun-
treibt___ die blin - de Wut.___ Ein Licht,___ in dir ge-bor-

len zieht Spu - ren von Got-tes___Macht.___
gen wird Quell___ von neu-em___ Mut.___
gen, wird Kraft___ in tie - fer___ Not.___

Refrain

So wie die Nacht flieht vor dem Mor - gen,___

Text, Melodie und Satz: Gregor Linssen / Rechte: Edition GL, Neuss

230 Manchmal feiern wir

Kol 2,12; 1 Petr 1,3; Offb 21,5

D		G		A		D		

1. Manch-mal fei-ern wir mit-ten im Tag ein
2. Manch-mal fei-ern wir mit-ten im Wort ein
3. Manch-mal fei-ern wir mit-ten im Streit ein
4. Manch-mal fei-ern wir mit-ten im Tun ein

G	C	D	Em	7	A

Fest der Auf-er-ste-hung. Stun-den wer-den
Fest der Auf-er-ste-hung. Sät-ze wer-den
Fest der Auf-er-ste-hung. Waf-fen wer-den
Fest der Auf-er-ste-hung. Sper-ren wer-den

D	(F#7) Hm	7	G	A	1. D	Hm	2. D

ein-ge-schmol-zen und ein Glück_ ist da. da.
auf-ge-bro-chen und ein Lied_ ist da. da.
um-ge-schmie-det und ein Frie-de ist da. da.
ü-ber-sprun-gen und ein Geist_ ist da. da.

Text: Alois Albrecht / Melodie: Peter Janssens / aus: Ihr seid meine Lieder, 1974 / Rechte: Peter Janssens Musik
Verlag, Telgte-Westfalen

231 Dein Geist weht, wo er will

Ez 37,1f.; Apg 2,1; Röm 5,5

F	C7	Dm	F/A

1. Dein Geist weht, wo er will, wir
2. Dein Geist weht, wo er will, er
3. Dein Geist weht, wo er will, ist
4. Dein Geist weht, wo er will, er

Bb	Gm	C	C7	F	Gm

kön-nen es nicht ah-nen. Er greift_ nach_ uns-ren
spricht in uns-re Stil-le, in al-len Spra-chen re-det
An-trieb für die Lie-be, die Hoff-nung hat er auf-ge-
ist wie ein Er-fin-der, aus Er-de hat er uns ge-

Her - zen   und   bricht sich neu - e   Bah - nen.
er,_____   ver - kün - det Got - tes Wil - le.
weckt,____   wo   sonst nur Trau - er blie - be.
macht,____   als   sei - nes Geis - tes Kin - der.

Text: Wolfgang Poeplau / Melodie: Ludger Edelkötter / Rechte: KiMu Kinder Musik Verlag GmbH, Velbert

Weish 7,22f.; Jes 11,2; Joh 3,8

Mutter Geist 232

Kanon für 4 Stimmen (auch als Lied)

1. Mut - ter   Geist,   mit dei - ner Fröh - lich - keit,
2. Schwes - ter   Geist,   mit dei - ner Phan - ta - sie,
3. Freun - din   Geist,   mit dei - ner Zärt - lich - keit,
4. Mut - ter   Geist,   mit dei - ner Of - fen - heit,

Mut - ter   Geist,   mach mich stark.
Schwes - ter   Geist,   gib mir Raum.
Freun - din   Geist,   hüll mich ein.
Mut - ter   Geist,   mach mich frei.

Mut - ter   Geist,   mit dei - ner Fröh - lich - keit,
Schwes - ter   Geist,   mit dei - ner Phan - ta - sie,
Freun - din   Geist,   mit dei - ner Zärt - lich - keit,
Mut - ter   Geist,   mit dei - ner Of - fen - heit,

Mut - ter   Geist,   mach mich stark.
Schwes - ter   Geist,   gib mir Raum.
Freun - din   Geist,   hüll mich ein.
Mut - ter   Geist,   mach mich frei.

Text: Sibylle Fritsch / Melodie: Peter Janssens / aus: Und der Brunnen ist tief, 1987 / Rechte: Peter Janssens Musik Verlag, Telgte-Westfalen

233 Sind wir nicht alle Kinder des einen Vaters Lev 19,33f.;
Mt 25,35; 1 Kor 13,1f.

Ruhig

1. Sind wir nicht al - le Kin - der des ei - nen Va - ters,
2. Le - ben nicht al - le Men-schen von sei - nen Ga - ben?
3. Es ist ein Netz aus Ge - ben___ und aus Neh - men.

Schwes - tern und Brü - der aus je - dem Land?
Ist nicht Ge - schenk, was da wächst und lebt?
Kein Mensch kann le - ben für sich al - lein.

Und sind zu - gleich doch ü - ber - all auch Frem - de
Und ist nicht al - les, was wir sind und ha - ben,
Weil in der Welt sich vie - le Hän - de re - gen,

so - gar zu - wei - len im eig - nen Land.
in ein un - end - li - ches Netz ge - webt?
kann un - ser Le - ben erst mög - lich sein.

4. Doch gibt es Menschen, die aus dem Netz gefallen. Sie suchen Hilfe in unserm Land. Wer weiss, ob morgen wir nicht unterwegs sind, als Fremde suchend der Fremden Hand?

5. Dass unsre Herzen sich doch nicht verhärten! Dass sich nicht Hass gegen Liebe stellt! Lasst uns mit Klugheit helfen, wo wir können! Wir sind Geschwister in dieser Welt.

Text und Melodie: Heinz-Martin Lonquich / Rechte: beim Urheber

234 Du bist da, wo Menschen leben   Ps 46,4b.8.12; Mt 18,20; 1 Joh 4,16

Kanon für 4 Stimmen

1. Du bist da, wo Men-schen le - ben,   du bist da, wo   Le - ben ist;
2. Du bist da, wo Men-schen hof - fen,   du bist da, wo   Hoff-nung ist;
3. Du bist da, wo Men-schen lie - ben,   du bist da, wo   Lie - be   ist;

du bist da, wo Men-schen le - ben,   du bist da, wo   Le - ben ist.
du bist da, wo Men-schen hof - fen,   du bist da, wo   Hoff-nung ist.
du bist da, wo Men-schen lie - ben,   du bist da, wo   Lie - be   ist.

Text und Melodie: Detlev Jöcker / Rechte: Menschenkinder Verlag, Münster

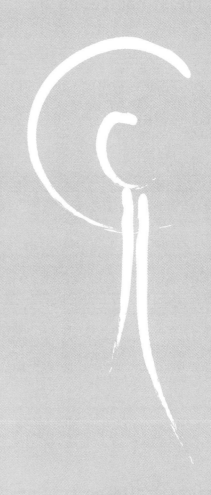

235 In uns kreist das Leben
Ps 36,10; 104,29.30

Cm / Cm

1. In   uns kreist das Le - ben, das uns
2. Ru - hig leuch - ten Fel - der, dun - kel
3. Vö - gel in den Hö - hen, Fi - sche
4. Got - tes Kre - a - tu - ren fül - len
5. Schön im Stirb und Wer - de kreist die

F6   Gm

Gott ge - ge - ben, kreist als Stirb und
stehn die Wäl - der: Ohn sie kann's kein
in den Se - en: Ohn sie kann's kein
Hü - gel, Flu - ren: Ohn sie kann's kein
Mut - ter Er - de, trägt, was ihr ge -

Eb   Cm   1.-4. Str. F   5. Str. Cm

Wer - de____ die - ser Er - de.
Le - ben____ für uns ge - ben.
Le - ben____ für uns ge - ben.
Le - ben____ für uns ge - ben.
ge - ben:____ Got - tes   Le - ben.

Text: Kurt Marti / Melodie: Friedemann Gottschick / Rechte Text: Radius Verlag, Stuttgart; Rechte Melodie: beim Urheber

236 Wenn eine(r) alleine träumt
Mt 18,19

Kanon für 7 Stimmen

D   Hm   G   A   D   Hm
1.   2.

Wenn ei - ne(r) al - lei - ne träumt, ist es

G   A   D   Hm   G   A   D   Hm
3.   4.

nur____ ein Traum. Wenn vie - le ge-mein-sam träu - men, so

ist das der Be - ginn, der Be-ginn ei - ner neu - en Wirk - lich -

keit. Träumt un - sern Traum! Wenn

Text: Don Helder Camara / Melodie: Ludger Edelkötter / Rechte: KiMu Kinder Musik Verlag GmbH, Velbert

Ps 4,9; 5,4; 121;
Offb 4,8

Der Tag, mein Gott, ist nun vergangen 237

1. Der Tag,_ mein Gott,_ ist nun_ ver - gan - gen und
2. Die Er - de rollt_ dem Tag_ ent - ge - gen, wir
3. denn un - er - müd - lich, wie_ der Schim - mer des
4. Die Son - ne, die_ uns sinkt,_ bringt drü - ben den
5. So sei_ es, Herr: Die Rei - che fal - len, dein

wird vom Dun - kel ü - ber-weht; am Mor - gen hast_ du
ru - hen aus_ in dei - ner Hut und dan - ken dir,_ wenn
Mor - gens um_ die Er - de geht, ist im - mer ein_ Ge -
Men - schen ü - berm Meer das Licht; und im - mer wird_ ein
Thron al - lein_ wird nicht zer-stört; dein Reich_ be-steht_ und

Lob_ emp-fan-gen, zu dir_ steigt un - ser Nacht - ge - bet.
wir_ uns le - gen, dass dei - ne Kir - che nim - mer ruht;
bet_ und im - mer ein Lob - lied wach,_ das vor_ dir steht.
Mund_ sich ü - ben, der Dank_ für dei - ne Ta - ten spricht.
wächst, bis al - len dein gros - ser, neu - er Tag_ ge - hört.

Text: John F. Ellerton; Text deutsch: Gerhard Valentin / Melodie und Satz: Clement Cotterill Scholefield / Rechte
Text, Melodie und Satz: frei; Rechte Text deutsch: Strube Verlag GmbH, München-Berlin

238 Gott, du bist die Hoffnung

Gen 26,24; Ps 67,2.7; Eph 1,3

Vor- und Zwischenspiel

Strophen
ruhig schreitend

1. Gott, du bist die Hoff - nung, wo Le - ben ver - dorrt, auf stei - ni - gem Grund wach - se in mir, sei kei - men - der Sa - me, sei si - che - rer Ort, treib Knos - pen und blü - he in mir.

Refrain

Und ein neu - er Mor - gen bricht auf die - ser Er - de
Hal - te mich ge - bor - gen fest in dei - ner star - ken

an, in ei - nem neu-en Tag, blü - he in mir.

Hand und seg-ne mich, seg-ne mich und dei - ne Er - de.

2. Gott, du bist die Güte, wo Liebe zerbricht,
   in kalter Zeit, atme in mir,
   sei zündender Funke, sei wärmendes Licht,
   sei Flamme und brenne in mir. *Rfr*

3. Gott, du bist die Freude, wo Lachen erstickt,
   in dunkler Welt, lebe in mir,
   sei froher Gedanke, sei tröstender Blick,
   sei Stimme und singe in mir. *Rfr*

Text und Melodie: Gregor Linssen / Rechte: Edition GL, Neuss

239 Herr, bleib bei uns

Lk 24,29; Mt 28,20

Kanon für 4 Stimmen

Herr, bleib bei uns, es will A-bend wer - den und der
Tag geht schon zu En - de, geht schon zu En - de,
geht schon zu En - - - de. «Ich bin bei euch, ich bin bei
euch bis an das En - de der Zeit, bis an das
En - de, bis an das En - de, bis an das En - de der Zeit.»

Text: Lukas 24,29; Mt 28,20b/Melodie: Markus Pytlik/Rechte Text: frei; Rechte Melodie: Strube Verlag GmbH, München-Berlin

240 Herr, bleibe bei uns

Lk 24,29

Kanon für 3 Stimmen

Herr, blei - be bei___ uns; denn es will A - bend
wer - den und der Tag hat sich___ ge - nei - get.

Text: Lukas 24,29/Melodie: Albert Thate/Rechte Text: frei; Rechte Melodie: Bärenreiter Verlag, Kassel

Gehe ein in deinen Frieden 241

1. Ge - he ein in dei-nen Frie - den. Schla - fe dei-nen gu-ten
2. Ihn, um den die Ster-ne krei - sen, ihn, der al - le Him-mel

Schlaf. Ruh dich aus nach dei - ner Ar - beit.
kennt, preist ihn, der in un - sern Näch - ten

Und ge - seg - net sei die Nacht. Mond-licht fliesst he -
hel - ler als die Son - ne brennt. Der das Grau - en,

rab vom Him-mels - zelt und der Tau glänzt auf un - serm Feld.
der den Tod be-zwang, beugt sich ü - ber un - se - ren Schlaf.

Refrain

Preist den Tag und die Nacht. Preist die

Nacht und den Tag. Preist die Son - ne, prei-set die Er - de,

preist den Herrn al - ler Wel - ten. A - men. A - men.

Text: Helmut König frei nach dem israelischen Text; Strophe 2: Christine Heuser / Melodie: aus Israel / Rechte
Texte: Voggenreiter Verlag, Bonn; Rechte Melodie: frei

242 Bleib, o Herr, auch jetzt in der Nacht

Lk 24,29

1. Bleib, o Herr, auch jetzt in der Nacht; die Ar - beit
2. Bleib, o Herr, der du uns auch heut im Ta - ges -
3. Bleib, o Herr, lass uns nicht al - lein, geh auch in

hat uns müd ge - macht. Wir bit - ten dich, sieh gnä - dig
lauf gabst dein Ge - leit. Be - hü - te, wer zu die - ser
uns - re Träu - me ein. Wie Träu - men - den, so wird uns

an, was wir an die - sem Tag ge -
Frist bis spät noch an der Ar - beit
sein, bricht einst dein Reich mit Macht he -

tan. Bleib, o Herr, und hüt uns - re Ruh, gib dei - nen
ist. Bleib, o Herr, bei al - len als Wacht, die un - ter -
rein. Bleib, o Herr, mit uns in der Zeit, bis einst dein

gib
die
bis

1. gib_____ Frie - - - den.
2. in_____ der Nacht.
3. Welt_____ er - - - neut.

Frie - - - - den uns da - zu.
wegs_____ sind in der Nacht.
Tag_____ die Welt er - neut.

dei - nen Frie - den uns da - zu.
un - ter - wegs sind in der Nacht.
einst dein Tag die Welt er - neut.

Text: Kurt Marti, nach Arno Pötzsch / Melodie und Satz: Horst Weber / Rechte Text: beim Urheber; Rechte
Melodie und Satz: Fidula-Verlag, Boppard a. Rhein und Salzburg

Joh 6; 6,48

Brot, das die Hoffnung nährt 243
Neues Lied im alten Land

1. Brot, das die Hoff-nung nährt,___ Freu - de, die der
2. Wort, das das Schwei-gen bricht,___ Trank,___ der die
3. Kraft, die die Lah - men stützt,___ Hand,___ die die

Trau - er wehrt,___ Lied, das die Welt um - kreist,___
Brän - de löscht,___ Lied, das die Welt um - kreist,___
Schwa - chen schützt,___ Lied, das die Welt um - kreist,___

das die Welt um - kreist. Wol - ke, die die
das die Welt um - kreist. Re - gen, der die
das die Welt um - kreist. Brot,___ das sich

Fein - de stört,___ Ohr,___ das von Ret-tung hört,___
Wüs - ten tränkt,___ Kind,___ das die Gros-sen lenkt,___
selbst ver - teilt,___ Hil - fe, die zu Hil - fe eilt.___

Lied, das die Welt um - kreist,___ das die Welt um - kreist.
Lied, das die Welt um - kreist,___ das die Welt um - kreist.
Lied, das die Welt um - kreist,___ das die Welt um - kreist.

Text: Wilhelm Willms / Musik: Peter Janssens / aus: Ehre sei Gott auf der Erde, 1974 / Rechte: Peter Janssens
Musikverlag, Telgte-Westfalen

244 Wenn das Brot, das wir teilen

Mt 25,31f.; 1 Kor 13,1f.; 1 Joh 4,16

1. Wenn das Brot, das wir tei - len, als Ro - se blüht__ und das
2. Wenn das Leid je - des Ar - men uns Chris - tus zeigt,__ und die
3. Wenn die Hand, die wir hal - ten, uns sel - ber hält,__ und das
4. Wenn der Trost, den wir ge - ben, uns wei - ter trägt,__ und der
5. Wenn das Leid, das wir tra - gen, den Weg uns weist,__ und der

Refrain

Wort, das wir spre - chen, als Lied er - klingt,___
Not, die wir lin - dern, zur Freu - de wird,___
Kleid, das wir schen - ken, auch uns be - deckt,___ dann hat
Schmerz, den wir tei - len, zur Hoff - nung wird,___
Tod, den wir ster - ben, vom Le - ben singt,___

Gott un - ter uns schon sein Haus ge - baut,__ dann wohnt er schon in un - se - rer

Welt. Ja, dann schau - en wir heut schon sein An - ge - sicht__ in der

Lie - be, die al - les um - fängt, in der Lie - be, die al - les um - fängt.

Text: Claus-Peter März / Melodie: Kurt Grahl / Rechte Text und Melodie: beim Urheber

Hinweis: Das Lied entstand in der ehemaligen DDR zum Fest der heiligen Elisabeth. In der Anfangszeile wird auf das «Brotwunder» angespielt, als Elisabeth in ihrer Schürze Brot für die Armen aus der Burg trug. Als sie auf Vorwürfe ihres Mannes die Schürze öffnete, waren lauter Rosen darin.

Mt 5,39.43

Herr, gib mir Mut zum Brückenbauen 245

Dm   F6   Gm   F

1. Herr, gib mir Mut zum Brü - cken - bau - en.
2. Ich möch - te ger - ne Brü - cken bau - en,
3. Ich möch - te ger - ne Hän - de rei - chen,
4. Ich möch - te nicht zum Mond ge - lan - gen,
5. Herr, gib mir Mut zum Brü - cken - bau - en.

Dm   B♭   Gm   C

Gib mir den Mut zum ers - ten Schritt.
wo tie - fe Grä - ben nur zu sehn.
wo har - te Fäus - te sich ge - ballt.
je - doch zu mei - nes Fein - des Tür.
Gib mir den Mut zum ers - ten Schritt.

Dm   Gm   B♭   Am

Lass mich auf dei - ne Brü - cken trau - en,
Ich möch - te hin - ter Zäu - ne schau - en
Ich su - che un - ab - läs - sig Zei - chen
Ich möch - te kei - nen Streit an - fan - gen;
Lass mich auf dei - ne Brü - cken trau - en,

Gm   Dm   Dm7   C7   F

und wenn ich ge - he, geh du mit.
und ü - ber ho - he Mau - ern gehn.
des Frie - dens zwi - schen Jung und Alt.
ob Frie - den wird, das liegt an mir.
und wenn ich ge - he, geh du mit.

Text: Kurt Rommel / Melodie: Markus Jenny / Rechte: Gustav Bosse-Verlag, Kassel

246 Von guten Mächten

Ps 91; 139; Jes 8,10; Mt 28,20

1. Von gu - ten Mäch - ten treu und still um - ge - ben, be -
2. noch will das al - te uns - re Her - zen quä - len, noch
3. Und reichst du uns den schwe-ren Kelch,den bit - tern, des
7. Von gu - ten Mäch - ten wun - der - bar ge - bor - gen er -

hü - tet und ge - trös - tet wun - der - bar, – so will ich
drückt uns bö - ser Ta - ge schwe - re Last. Ach Herr, gib
Leids ge - füllt bis an den höchs - ten Rand, so neh - men
war - ten wir ge - trost, was kom-men mag. Gott ist bei

die - se Ta - ge mit euch le - ben und
un - sern auf - ge - schreck - ten See - len das
wir ihn dank - bar oh - ne Zit - tern aus
uns am A - bend und am Mor - gen und

mit euch ge - hen in ein neu - es Jahr;
Heil, für das du uns ge - schaf - fen hast.
dei - ner gu - ten und ge - lieb - ten Hand.
ganz ge - wiss an je - dem neu - en Tag.

4. Doch willst du uns noch einmal Freude schenken
   an dieser Welt und ihrer Sonne Glanz,
   dann woll'n wir des Vergangenen gedenken
   und dann gehört dir unser Leben ganz.

5. Lass warm und hell die Kerzen heute flammen,
   die du in unsre Dunkelheit gebracht,
   führ, wenn es sein kann, wieder uns zusammen!
   Wir wissen es, dein Licht scheint in der Nacht.

6. Wenn sich die Stille nun tief um uns breitet,
   so lass uns hören jenen vollen Klang
   der Welt, die unsichtbar sich um uns weitet,
   all deiner Kinder hohen Lobgesang.

Text: Dietrich Bonhoeffer / Melodie: Otto Abel / Rechte Text: Chr. Kaiser, Gütersloher Verlagshaus, Gütersloh;
Rechte Melodie: Verlag Merseburger, Kassel

Lk 7,21 – 22; Mk 7,31 – 37

Alle Knospen springen auf 247

G   D   G   C   D   G

1. Al - le Knos - pen sprin - gen auf,   fan - gen an zu blü - hen.
2. Al - le Men-schen auf der Welt   fan - gen an zu tei - len.
3. Al - le Au - gen sprin - gen auf,   fan - gen an zu se - hen.
4. Al - le Stum-men hier und da   fan - gen an zu grüs - sen.

G   D   G   C   D   G

Al - le Näch - te wer-den hell,   fan - gen an zu glü - hen.
Al - le Wun-den nah und fern   fan - gen an zu hei - len.
Al - le Lah - men ste - hen auf,   fan - gen an zu ge - hen.
Al - le Mau-ern tot und hart   wer-den weich und flies - sen.

Refrain

H7   Em   Am G C A7 D7

(1.) Knos - pen blü - - - hen.   Näch - te glü - - - hen.
(2.) Men-schen tei - - - len   Wun-den hei - - - len.
Knos - pen blü - - - hen.   Näch - te glü - - - hen.
(3.) Au - gen se - - - hen   Lah - me ge - - - hen.
Men-schen tei - - - len   Wun-den hei - - - len.
Knos - pen blü - - - hen.   Näch - te glü - - - hen.
(4.) Stum - me grüs - - - sen   Mau-ern flies - - - sen.
Au - gen se - - - hen   Lah - me ge - - - hen.
Men-schen tei - - - len   Wun-den hei - - - len.
Knos - pen blü - - - hen   Näch - te glü - - - hen. *Coda*

Coda

G   D   G   C   D   G

Al - le Knos-pen sprin-gen auf,   fan-gen an zu blü - hen.

Text: Wilhelm Willms / Melodie: Ludger Edelkötter / Rechte: KiMu Kinder Musik Verlag GmbH, Velbert

248 Wenn du singst, sing nicht allein

Ps 34,4; Phil 2,1f.

1. Wenn du singst, sing nicht al - lein,___
2. Wenn du sprichst, sprich nicht al - lein,___
3. Wenn du hörst, hör nicht al - lein,___

steck an-dre an,___ sin - gen kann Krei - se ziehn._ Wenn du
steck an-dre an,___ spre-chen kann Krei - se ziehn._ Wenn du
steck an-dre an,___ hö - ren kann Krei - se ziehn._ Wenn du

singst, sing nicht al - lein,__ steck an - dre an!__
sprichst, sprich nicht für dich,_ sprich an - dre an:__
hörst, hör nicht für dich,_ hör für mich mit:__

Refrain

Zieh den Kreis nicht zu klein, zieh den

1.
Kreis nicht zu klein!

2.
klein!

4. Wenn du weinst, wein nicht allein,
   steck andre an, weinen kann Kreise ziehn.
   Wenn du weinst, wein nicht für dich,
   schliess dich nicht ein: *Rfr*

5. Wenn du lachst, lach nicht allein,
   steck andre an, lachen kann Kreise ziehn.
   Wenn du lachst, lach nicht für dich,
   lach andren zu: *Rfr*

6. Wenn du glaubst, glaub nicht allein,
   steck andre an, glauben kann Kreise ziehn.
   Wenn du glaubst, glaub nicht für dich,
   glaub auch für mich: *Rfr*

Text und Melodie: Heinz-Georg Surmund / Rechte: KiMu Kinder Musik Verlag GmbH, Velbert

Hewenu schalom alechäm 249

He-we-nu scha - lom a - le-chäm,

He-we-nu scha - - lom a - le-chäm, he-we-nu

he-we-nu scha - lom a - le-chäm, he-we-nu scha - lom a -

scha - lom a - le-chäm, he-we-nu scha - lom a -

le-chäm, he-we-nu scha-lom, scha-lom, scha-lom a - le-chäm.

le-chäm, he-we-nu scha-lom, scha-lom, scha-lom a - le-chäm.

Text und Melodie: aus Israel / Satz: Henry Klausner / Rechte Text und Melodie: frei; Rechte Satz: beim Urheber

Übersetzung
Wir bringen euch Frieden.

Vor dem Essen

250 Hunger und Durst

Gott
wir haben Hunger und Durst

Hunger nach Brot und fester Speise
nach Gerechtigkeit und Anerkennung
nach einem Wort und einer menschlichen
Gebärde

Durst nach Wein und köstlichem Trank
nach Liebe und Zuwendung
nach Geborgenheit und einem Zuhause

Gott
still unseren Hunger
und unseren Durst

Lass uns in diesem Mahl ein Zeichen sehen
dass jeder Hunger gestillt
und jeder Durst gelöscht wird

Anton Rotzetter
Aus: Gott, der mich atmen lässt.
Verlag Herder, Freiburg ¹⁶2001

Morgen

251 Wach sein

Lebendiger Gott
wieder bin ich aufgewacht
und aufgestanden

Lass mich wach sein
wach für jede Regung des Lebens
für jedes Gefühl und jeden Schrei
wach für jeden Menschen
und für jeden Wink, den er mir gibt
wach für Dich und alle Zeichen Deiner Liebe

Lass mich aufrecht stehen an diesem Tag
als Dein Sohn, Deine Tochter
stolz, ein Mensch zu sein

Lass mich teilhaben an Jesus von Nazaret
den Du auferweckt hast
für ein Leben, das keinen Tod mehr kennt
Lass mich teilhaben an ihm
der auferstanden ist
zu Freiheit und Würde in einer neuen Welt

Anton Rotzetter
Aus: Gott, der mich atmen lässt.
Verlag Herder, Freiburg ¹⁶2001

Abend

252 Rückblickend auf meinen Tag

Rückblickend auf meinen Tag
stelle ich fest
heute keinen Vogel
gehört zu haben

es hat mit Sicherheit
nicht an den Vögeln gelegen

Andrea Schwarz
Aus: Bunter Faden Zärtlichkeit.
Verlag Herder, Freiburg ¹⁴2000

Nr.	Titel	Art	Kirchengesangbuch*	Advent/Weihnachten	Fastenzeit/Passion	Ostern/Osterzeit/Auferstehung	Pfingsten/Heiliger Geist	Magnificat/Maria
193	Abendmahlsworte	Text						
178	Adoramus te	Ruf	ö		•			
196	Agnus dei	Text						
247	Alle Knospen springen auf	Refrain-Lied						
225	Allí viene Jesu Christo	Lied		•				•
049	Amazing grace	Lied						
179	Amen	Kanon						•
127	Amen – See the baby	Lied		•				•
172	Amen, komm Herr Jesus	Ruf		•				
004	An einem Tag, Jerusalem	Lied					•	
093	An Gottes Tisch	Text						
005	Andere Lieder wollen wir singen	Kehrvers-Lied						
156	Another day in paradise	Popsong						
157	Aus den Dörfern und aus Städten	Refrain-Lied						
043	Aus vielen Körnern	Lied	+					
006	Ausgang und Eingang	Kanon	ö+					
042	Bewahre uns, Gott	Lied	RG			•		
242	Bleib, o Herr, auch jetzt in der Nacht	Lied	+					
204	Bleibet hier und wachet mit mir	Ruf	+		•			
201	Bless the Lord, my soul	Ruf						
218	Blowin' in the wind	Popsong						
128	Bridge over troubled water	Popsong						
243	Brot, das die Hoffnung nährt	Lied						
066	Brot, Gemisch aus Korn	Lied						
126	Cantai ao Senhor	Lied						
191	Credo	Text						
002	Da berühren sich Himmel und Erde	Lied						
205	Da nos un corazon	Kanon						
219	Das könnte den Herren	Lied	+			•		
214	Dein Augenblick kann heilen	Kehrvers-Sprechgesang						
231	Dein Geist weht, wo er will	Lied					•	
177	Deinen Tod, Herr, verkünden wir	Ruf		•	•	•	•	
011	Denn wo zwei oder drei	Kehrvers-Lied						

Eucharistiefeier – Abendmahl								Vor Gott stehen					Leben in Tag und Jahr					
Kyrie / Christuslob	Gloria / Lobpreis	Antwortgesang	Bekenntnis / Gott / Christus	Sanctus / Heilig-Lieder	Kommunion / Abendmahl	Vater unser / Unser Vater	Segen / Sendung	Lob / Dank	Bitten / Vertrauen / Hoffen	Klage / Leid	Stille / Besinnung	Spiritual	Morgen	Abend	Liebe / Gemeinschaft / Solidarität	Schöpfung / Umwelt	Friede / Gerechtigkeit	Welt gestalten / Welt verändern
					•													
			•					•										
									•						•			•
			•						•									
		•												•				
												•						
					•													
															•			•
					•										•			
					•										•			•
										•								•
					•				•						•			
					•										•			
							•		•				•					
							•										•	
														•			•	
			•								•							
							•	•	•									
																	•	•
															•			•
					•				•									•
					•									•				
			•					•										
			•															
															•		•	•
									•						•			
									•								•	•
										•					•		•	•
			•		•			•										
			•						•						•			

		Kirchengesangbuch*	Advent / Weihnachten	Fastenzeit / Passion	Ostern / Osterzeit / Auferstehung	Pfingsten / Heiliger Geist	Magnificat / Maria
220	Der Gewalt gewaltlos widerstehn	Kanon					
237	Der Tag, mein Gott, ist nun vergangen	Lied		ö+			
070	Die Clique macht mich stark	Text					
122	Die Sache Jesu	Kehrvers-Lied				●	
213	Die Zeit färben	Kanon					
003	Diesen Tag, Gott	Kehrvers-Lied					
077	Du bist bei mir	Text					
234	Du bist da, wo Menschen leben	Kanon					
095	Du bist ein Gott der Lebenden	Text					
059	Du bist heilig	Lied				●	
131	Du kannst der erste Ton	Lied					
079	Du kennst mich	Text					
219	Ein anderes Osterlied	Lied		+	●		
071	Ein Apfelbaum	Text					
229	Ein Funke aus Stein geschlagen	Refrain-Lied					
086	ein nachapostolisches bekenntnis	Text					
014	Einer hat uns angesteckt	Kehrvers-Lied					
083	Einer kam und zeigte	Text					
015	Eines Tages kam einer	Lied					
157	Eingeladen zum Fest des Glaubens	Refrain-Lied					
041	Erd und Himmel sollen singen	Lied		ö+			
089	Es gab Schreie	Text					
103	Es müssen nicht Männer mit Flügeln sein	Lied					
150	Ev'ry time I feel the Spirit	Kehrvers-Lied				●	
228	Feliz Navidad	Popsong	●				
091	Fest	Text					
185	Friede sei mit dir	Kanon		RG			
188	Friede sei mit euch	Ruf		ö			
073	Geduld	Text					
241	Gehe ein in deinen Frieden	Refrain-Lied					
194	Geheimnis des Glaubens	Text					
044	Gib uns Weisheit	Lied		+		●	
124	Gimme that old time religion	Kehrvers-Lied					

Kyrie / Christuslob	Gloria / Lobpreis	Antwortgesang	Bekenntnis / Gott / Christus	Sanctus / Heilig-Lieder	Kommunion / Abendmahl	Vater unser / Unser Vater	Segen / Sendung	Lob / Dank	Bitten / Vertrauen / Hoffen	Klage / Leid	Stille / Besinnung	Spiritual	Morgen	Abend	Liebe / Gemeinschaft / Solidarität	Schöpfung / Umwelt	Friede / Gerechtigkeit	Welt gestalten / Welt verändern
															•	•	•	•
								•	•					•				
	•														•			•
																	•	•
															•	•		•
									•		•			•				
			•						•				•		•			
							•											•
					•			•										
									•									•
									•									•
									•								•	•
			•												•			
									•				•					
							•											•
			•														•	
			•														•	
					•				•						•			
	•							•	•									•
									•						•			
									•						•		•	
									•			•						
					•										•		•	
							•								•		•	
										•								
								•			•			•				
					•													
									•									
									•			•						

			Kirchengesangbuch*	Advent/Weihnachten	Fastenzeit/Passion	Ostern/Osterzeit/Auferstehung	Pfingsten/Heiliger Geist	Magnificat/Maria
062	Give thanks	Lied						
188	Gleichwie mich mein Vater gesandt hat	Ruf	ö					
190	Gloria	Text						
166	Gloria a Dios	Lied						
165	Gloria, Ehre sei Gott	Kehrvers-Lied						
048	Glorify Jesus	Kanon						
145	Go down, Moses	Refrain-Lied	RG					
155	Go, tell it on the mountain	Kehrvers-Lied	RG	●				
047	Gott gab uns Atem	Lied	+					
012	Gott ist anders	Lied						
238	Gott, du bist die Hoffnung	Refrain-Lied						
068	Gott, hilf mir beten	Text						
053	Gottes Lob wandert	Lied	+					
168	Gottes Wort	Kanon						
117	Gross sein lässt meine Seele	Kehrvers-Lied						●
167	Grosser Gott, wir loben dich	Lied	ö +					
084	Gründe der Hoffnung	Text						
075	Guter Gott	Text						
187	Halleluja	Lied				●		
013	Halt an! Wo läufst du hin?	Kanon						
125	Halte deine Träume fest	Lied						
104	Hände, die schenken	Lied						
120	He's got the whole world	Lied						
142	Heaven is a wonderful place	Kanon					●	
008	Heilig – Herr aller Mächte	Lied						
026	Heilig – jubeln Himmel und Erde	Lied						
175	Heilig – Herr und Gott	Lied	KG					
239	Herr, bleib bei uns	Kanon						
240	Herr, bleibe bei uns	Kanon	ö +					
161	Herr, erbarme dich unserer Zeit	Ruf						
162	Herr, erbarme dich	Ruf						
245	Herr, gib mir Mut zum Brückenbauen	Lied	RG					
143	Herr, gib Ohren, dich zu verstehn	Lied						

Eucharistiefeier – Abendmahl								Vor Gott stehen					Leben in Tag und Jahr					
Kyrie / Christuslob	Gloria / Lobpreis	Antwortgesang	Bekenntnis / Gott / Christus	Sanctus / Heilig-Lieder	Kommunion / Abendmahl	Vater unser / Unser Vater	Segen / Sendung	Lob / Dank	Bitten / Vertrauen / Hoffen	Klage / Leid	Stille / Besinnung	Spiritual	Morgen	Abend	Liebe / Gemeinschaft / Solidarität	Schöpfung / Umwelt	Friede / Gerechtigkeit	Welt gestalten / Welt verändern
								•	•			•						
							•								•		•	
	•																	
	•		•					•										
	•							•										
			•					•								•		
									•			•						•
												•						
			•													•		•
			•								•							
							•		•		•		•		•	•		•
									•		•						•	•
								•	•									
		•	•						•					•				
									•									•
				•					•									
				•														
								•										
		•	•															
			•				•											•
			•												•		•	•
			•												•			•
									•			•				•		
									•									
			•					•										•
			•					•								•		
					•													
									•					•				
									•					•				
•																		
•											•							
							•								•			
			•				•		•									

			Kirchengesangbuch*	Advent / Weihnachten	Fastenzeit / Passion	Ostern / Osterzeit / Auferstehung	Pfingsten / Heiliger Geist	Magnificat / Maria
069	Herr, ich danke dir	Text						
016	Herr, ich seh die Himmel	Kehrvers-Lied						
211	Herr, sende dein Licht und deine Wahrheit	Ruf						
017	Herr, wir bitten	Kehrvers-Lied						
170	Herr, wir bitten dich	Ruf						
249	Hewenu schalom alechäm	Kanon	RG					
009	Hilf, Herr meines Lebens	Lied	ö +					
046	Höchster, allmächtiger und guter Herr	Kehrvers-Lied						
022	Hoffen wider alle Hoffnung	Lied						
174	Holy, holy, holy Lord	Lied						
171	Höre uns, wir rufen dich	Ruf						
218	How many roads	Popsong						
250	Hunger und Durst	Text						
140	I am his child	Popsong						
132	I danced in the morning	Refrain-Lied						
129	I have a dream	Popsong						
130	I will follow him	Popsong						
144	I'm gonna lay down	Lied						
158	I'm gonna sing	Lied				•		
028	Ich bitte dich, Herr	Lied						
087	Ich glaube an das Licht	Text						
106	Ich lobe meinen Gott	Lied	RG					
027	Ich lobe meinen Gott	Refrain-Lied						
115	Ich möcht, dass einer mit mir geht	Lied	KG					
133	Ich tanzte am Morgen	Refrain-Lied						
100	Ich wünsche jedem Menschen	Text						
123	Ihr, ihr, ihr seid das Salz der Erde	Ruf						
221	Ihr seid das Salz dieser Erde	Refrain-Lied						
235	In uns kreist das Leben	Lied	+					
029	Ins Wasser fällt ein Stein	Lied						
099	Irischer Segensspruch	Text						
199	It's me, oh Lord	Kehrvers-Lied						
151	Jesus is my salvation	Kanon						

Eucharistiefeier – Abendmahl								Vor Gott stehen					Leben in Tag und Jahr					
Kyrie / Christuslob	Gloria / Lobpreis	Antwortgesang	Bekenntnis / Gott / Christus	Sanctus / Heilig-Lieder	Kommunion / Abendmahl	Vater unser / Unser Vater	Segen / Sendung	Lob / Dank	Bitten / Vertrauen / Hoffen	Klage / Leid	Stille / Besinnung	Spiritual	Morgen	Abend	Liebe / Gemeinschaft / Solidarität	Schöpfung / Umwelt	Friede / Gerechtigkeit	Welt gestalten / Welt verändern
								●							●			
								●								●		
			●				●		●									
							●								●			●
●			●						●									
															●		●	
							●		●						●			
								●								●		
									●	●								●
			●	●				●										
●		●							●									
																	●	●
					●													
								●	●			●						
			●					●								●		●
			●					●			●							●
			●					●									●	●
		●										●						
								●										●
			●						●									
	●		●					●										
			●					●									●	
			●						●					●				
			●					●								●		●
							●								●			
		●													●			●
															●	●		
			●					●								●		
								●							●			
							●											●
			●						●			●						
			●					●	●									

Alphabetisches Verzeichnis der Lieder und Texte
Je – Mu

Kyrie / Christuslob	Gloria / Lobpreis	Antwortgesang	Bekenntnis / Gott / Christus	Sanctus / Heilig-Lieder	Kommunion / Abendmahl	Vater unser / Unser Vater	Segen / Sendung	Lob / Dank	Bitten / Vertrauen / Hoffen	Klage / Leid	Stille / Besinnung	Spiritual	Morgen	Abend	Liebe / Gemeinschaft / Solidarität	Schöpfung / Umwelt	Friede / Gerechtigkeit	Welt gestalten / Welt verändern
			●				●				●							
			●						●									
							●											
									●	●							●	●
									●								●	●
			●		●										●			
			●						●			●						
●			●								●							
●																		
●			●						●									
●																		
							●		●									●
		●						●			●							
		●							●		●							
			●		●											●		
			●		●							●			●			
							●											●
			●					●										
							●											●
							●											●
															●		●	●
●			●						●									
					●				●									●
								●			●							
									●	●								
●																		
			●						●									
															●			
															●		●	●
								●						●		●		
																		●

		Kirchengesangbuch*	Advent/Weihnachten	Fastenzeit/Passion	Ostern/Osterzeit/Auferstehung	Pfingsten/Heiliger Geist	Magnificat/Maria
037	Nada te turbe	*Ruf*	RG					
243	Neues Lied im alten Land	*Lied*					
112	Nicht im Sturm	*Kanon*					
036	Nimm du mich, Heiliger Atem	*Lied*	KG				•	
173	Nimm, o Herr, die Gaben	*Lied*					
147	Nobody knows	*Kehrvers-Lied*	RG				
180	Notre Père	*Lied*					
082	Nur wer Mut hat	*Text*					
056	O Dio crea in me	*Lied*				•	
153	O freedom	*Refrain-Lied*					
010	Ob ich sitze oder stehe	*Refrain-Lied*					
163	Ore poriaju	*Ruf*					
184	Peace, I give to you	*Lied*					
146	Put your hand	*Kehrvers-Lied*					
215	Quer gelegt und krumm gemacht	*Lied*		•			
001	rise up	*Kanon*					
121	Rock my soul	*Kanon*					
252	Rückblickend auf meinen Tag	*Text*					
207	Salvator mundi	*Kanon*					
107	Salz in der Suppe	*Kanon*					
203	Sanctum nomen Domini	*Ruf*					•
192	Sanctus	*Text*					
176	Santo – santo es nuestro Dios	*Lied*					
064	Santo, santo	*Lied*					
080	Schaffe in mir, Gott, ein neues Herz	*Text*					
186	Schalom chaverim	*Kanon*	RG				
206	Schenk uns Zeit	*Kehrvers-Lied*					
072	Schuld	*Text*					
197	Segen	*Text*					
101	Segensgebet	*Text*					
024	Seht, neuer Morgen	*Refrain-Lied*	•				
050	Sei behütet Tag und Nacht	*Lied*					
116	Selig seid ihr	*Lied*					

Eucharistiefeier – Abendmahl								Vor Gott stehen					Leben in Tag und Jahr					
Kyrie / Christuslob	Gloria / Lobpreis	Antwortgesang	Bekenntnis / Gott / Christus	Sanctus / Heilig-Lieder	Kommunion / Abendmahl	Vater unser / Unser Vater	Segen / Sendung	Lob / Dank	Bitten / Vertrauen / Hoffen	Klage / Leid	Stille / Besinnung	Spiritual	Morgen	Abend	Liebe / Gemeinschaft / Solidarität	Schöpfung / Umwelt	Friede / Gerechtigkeit	Welt gestalten / Welt verändern
			●					●	●									
					●				●									●
			●						●		●					●		
									●									
					●										●			
									●	●	●	●						
						●												●
			●				●											
									●			●					●	
			●						●				●					
●			●												●		●	
					●										●			
									●						●			●
									●						●			●
												●	●		●			
							●								●			●
								●										
			●	●	●				●									
				●	●				●									
									●	●								
							●										●	
									●	●	●							
										●								
							●											
							●		●									
			●														●	
							●		●				●					
									●		●			●	●		●	●

			Kirchengesangbuch*	Advent / Weihnachten	Fastenzeit / Passion	Ostern / Osterzeit / Auferstehung	Pfingsten / Heiliger Geist	Magnificat / Maria
156	She calls out to the man	Popsong						
051	Si ya hamba	Lied						
118	Siku rin gwana	Kehrvers-Lied						
233	Sind wir nicht alle Kinder des einen Vaters	Lied						
169	Sing Halleluja unserm Herrn	Ruf						
025	Singt dem Herrn ein neues Lied	Kanon				●		
039	Singt dem Herrn, alle Völker	Kehrvers-Lied	+					
052	S'phamandla Nkosi	Lied	RG					
154	Somebody's knocking	Lied						
135	Sometimes I feel	Lied						
090	steht auf vom tod	Text						
226	Stern über Betlehem	Lied		●				
198	Stille lass mich finden	Kehrvers-Lied						
038	Suchen und fragen	Refrain-Lied						
065	Suchet zuerst Gottes Reich	Lied	+					
149	Swing low	Kehrvers-Lied						
137	Tears in Heaven	Popsong						
138	The rose	Popsong						
020	Tu sei la mia vita	Lied						
208	Ubi caritas	Ruf	+					
114	Um Himmelswillen	Kanon						
195	Unser Vater / Vater unser	Text						
183	Unser Vater / Vater unser	gregorianisch	ö +					
181	Unser Vater / Vater unser	Lied						
182	Unser Vater / Vater unser	Lied						
098	Unterwegs	Text						
183	Vater unser / Unser Vater	gregorianisch	ö +					
168	Vihuda le'olam teshev	Kanon						
040	Von guten Mächten	Lied		●				
246	Von guten Mächten	Lied	+					
251	Wach sein	Text						
085	Was Jesus für mich ist	Text						
136	We are the world	Popsong						

Kyrie/Christuslob	Gloria/Lobpreis	Antwortgesang	Bekenntnis/Gott/Christus	Sanctus/Heilig-Lieder	Kommunion/Abendmahl	Vater unser/Unser Vater	Segen/Sendung	Lob/Dank	Bitten/Vertrauen/Hoffen	Klage/Leid	Stille/Besinnung	Spiritual	Morgen	Abend	Liebe/Gemeinschaft/Solidarität	Schöpfung/Umwelt	Friede/Gerechtigkeit	Welt gestalten/Welt verändern
										●								●
			●						●									
			●					●										
															●		●	●
		●	●					●										
			●					●										
	●							●										
															●		●	●
●			●									●						
										●		●						
					●													
									●									
									●		●						●	
			●												●			●
			●					●										●
									●			●						
									●			●						
									●	●								
			●								●							
			●		●										●			
			●													●		●
						●												
						●												
						●												
						●												
							●		●				●					
						●												
		●	●						●					●				
						●			●		●							
		●					●		●				●	●				
													●					
			●						●									
															●	●	●	●

* im Reformierten (RG) oder Katholischen (KG) Gesangbuch der Schweiz.
 ö + in der ökumenischen Fassung des deutschen Sprachraums (ö) oder der Schweiz (+) in KG und RG.

	Eucharistiefeier – Abendmahl								Vor Gott stehen					Leben in Tag und Jahr					
	Kyrie / Christuslob	Gloria / Lobpreis	Antwortgesang	Bekenntnis / Gott / Christus	Sanctus / Heilig-Lieder	Kommunion / Abendmahl	Vater unser / Unser Vater	Segen / Sendung	Lob / Dank	Bitten / Vertrauen / Hoffen	Klage / Leid	Stille / Besinnung	Spiritual	Morgen	Abend	Liebe / Gemeinschaft / Solidarität	Schöpfung / Umwelt	Friede / Gerechtigkeit	Welt gestalten / Welt verändern
									•							•			
										•						•		•	
				•						•						•			
										•						•			•
						•										•			•
																•			•
																•		•	•
				•		•													•
				•		•										•		•	•
								•										•	
										•			•						•
						•										•			•
										•									•
												•							
								•		•						•			
				•													•		•
	•			•					•							•			
				•				•								•			
				•	•			•	•										
				•						•									
																•		•	•
				•															
											•								
										•		•				•		•	•
																•		•	•
																•		•	
								•			•								
								•											
																	•		
																•			
										•						•			•

Bibelstellenregister

Bibelstellenregister